KB046264

# 유토피아,

## 농담과 역설의 이상 사회

주니어클래식 *15*

# 유토피아,
## 농담과 역설의 이상 사회

주경철 지음

사계절

# 머리말

유토피아(utopia)라는 말을 들어 보지 못한 사람은 별로 없을 것입니다. 유토피아는 실제 이 세상에 있는 나라가 아니라 상상 속에 존재하는 나라로, 모든 사람들이 행복하게 사는 일종의 이상향을 가리킵니다.

사람들 입에 많이 오르내리는 중요한 개념어들은 대부분 언제 누가 만들었는지 불분명한 경우가 많습니다. 그러나 유토피아는 그 기원이 아주 명확합니다. 이 말은 16세기 영국에서 활동한 작가이자 정치인이던 토머스 모어가 『유토피아』라는 책을 쓰면서 만들었고, 이후 널리 쓰이게 되었습니다.

워낙 자주 사용되다 보니 조금씩 변형된 단어들도 많이 만들어졌습니다. 유토피아와 반대되는 말로 쓰이는 디스토피아(dystopia)가 대표적입니다. 디스토피아는 이 세상에 없는 공상의 나라로, 행복과는 거리가 멀고 인간의 자유가 완전히 억압된 암울한 나라를 가리키는 데 자주 사용됩니다. 사회와 자연환경이 균형을 이루는 이상적 생태주의 국가라는 의미로 에코토피아(ecotopia)라는 말도 쓰입니다. 이 말을 제목으로 붙인 소설도 있습니다. 모두 토피아(topia)라는 말을 이용해 어떤 특정한 의미를 강조하는 공상적인 국가나 사회를 가리키는 말을 만든 거지요. 이런 식으로 새로운 말을 많이 만들다 보니 요즘은 그게 좀 지나치다 싶을 정도입니다. 물놀이의 이상향이라는 뜻으로 아쿠아토피아(aqua+topia)라고 이름 붙인 공원도 있으며, 전자 게임 좋아하는 어린 손님들을 불러들이기 위해 게임토피아(game+topia)라고 가게 이름을 정한 곳도 있네요.

이렇게 유토피아라는 말이 특정한 작품의 제목에서 시작되어 보통 명사가 되고, 다시 거기에서 수많은 신조어들이 갈라져 나왔습니다. 이는 더 나은 세상, 또는 적어도 현실 세계와는 다른 어떤 세상을 그려 보고자 하는 사람들의 바람을 반영하는 게 아닐까요?

어느 시대 어느 사회나 지금보다는 더 나은 곳, 사람들이 행복하게 살아갈 수 있는 나라를 꿈꾸기 마련입니다. 새로운 세상을 향한 꿈은 현재 사회의 여러 문제들에 대한 비판과 성찰을 전제로 합니다. 오늘 이곳의 문제가 해결되는 더 나은 미래를 향한 열망이 문학적 상상력의 도움으로 만들어 내는 것이 바로 이상향 이야기들입니다. 지금 이곳에는 없지만 상상의 세계에 존재하는 나라, 이곳의 문제들이 해결되어 사람들이 모두 행복하게 살아가는 나라를 만들어 본 거지요.

유토피아라는 말 자체가 더 나은 세상에 대한 바람을 담고 있습니다. 이 말은 한편으로는 '없는 나라'(u[없는]+topos[땅, 나라])를 가리킵니다. 이 세상에 존재하지 않는 나라지요. 그러나 동시에

'좋은 나라'(eu[좋은]+topos[땅, 나라])를 일컫기도 합니다. 이 세상에 없지만 언젠가 이루어졌으면 좋겠다고 희망하는 나라 말입니다. 물론 그렇게 상상해 본 나라가 정말 100퍼센트 만족스러운 나라일지는 다시 따져 봐야겠지만요.

우리에게는 꿈이 필요합니다. 나 자신을 위해서든 우리 사회를 위해서든, 지금과는 다른 더 나은 상태를 바라는 꿈이 있어야 발전하겠지요. 그렇지만 그 꿈은 허망한 꿈이어서는 안 됩니다. 깊은 생각에서 우러나온 꿈, 그러니까 낭만적이면서도 진지한 꿈이어야 한다고 생각합니다. 이 책을 읽는 여러분도 '앞으로 우리 사회가 어떤 방향으로 나아가면 좋을까?', '사람들이 진정 행복하게 살아가는 사회란 어떤 곳일까?'라는 질문에 대해 생각을 잘 다듬고, 또 앞으로 그런 꿈을 이루기 위해 실천해 나가는 사람이 되면 좋겠습니다. 그런 측면에서 『유토피아』라는 고전 작품이 우리의 꿈을 그리는 데 좋은 참고가 되리라 생각합니다.

2015년 10월
주경철

**차 례**

머리말 _ 5

프롤로그
    행복은 대체 어디에? _ 13

유토피아를 여행하기 전에
    *1*  토머스 모어와 그의 시대 _ 43
    *2*  에라스뮈스와 토머스 모어의 토론 놀이 _ 57

농담과 역설의 유토피아
    *3*  여행의 시작 _ 67
    *4*  부분적 유토피아의 모순 _ 78
    *5*  토머스 모어의 사고 실험 _ 89

# 유토피아 살펴보기

6  섬의 도시와 농촌 _ 101

7  이상적인 가족은? _ 115

8  이상 국가? 악당 국가? _ 134

9  이상 사회의 핵심, 여유 시간! _ 161

10 행복을 위해 절제하라? _ 180

11 유토피아의 역설 _ 200

12 거대한 농담, 논의와 경고 _ 212

# 에필로그

행복한 사회를 위한 꿈은 계속된다! _ 225

## 일러두기

이 책에서 인용한 『유토피아』 번역문은 2007년 을유문화사에서 출간한 판본(주경철 옮김)을 사용했으며, 정본으로 삼은 원전은 Yale edition of More's complete works(vol. 4)입니다. 인용문에는 용어 설명을 추가했으며, 인용문 끝에 표시한 숫자는 을유문화사 번역본의 쪽수입니다.

# 행복은 대체 어디에?

여러분, 행복하세요?

　만일 누가 나에게 이렇게 대놓고 행복하냐고 물으면 조금 당황스러울 것 같습니다. 말할 나위 없이 행복하다고 답하기에는 자신이 없고, 그렇다고 아니라고 대답할 만큼 불행하지도 않고, 뭐 그런 정도겠지요. 세상에는 좌절과 실의에 빠져 자신이야말로 가장 불행한 사람이라며 한숨 짓는 사람도 있을 테고, 오랫동안 애태우던 사랑이 이루어져 하늘을 날 것처럼 행복하다는 사람도 있을 테죠. 그렇지만 아마 많은 사람들은 딱히 뭐라고 말하기보다는 "그냥 그래." 하고 답하지 않을까 싶네요.

　그런데 정말 행복은 무엇일까요? 어떨 때 우리는 행복한가요? 곰곰이 생각해 보면 행복이라는 말처럼 막연한 게 없습니다. 모두 행복한 삶을 열망하지만 막상 행복이 뭘까 하고 생각하면 아득하기만 합니다. 그러니 모든 사람이 행복하게 살아가는 이상 사회를 고민하기 전에 먼저 행복이 무엇인지 생각해 봅시다.

## 물질적으로 풍요해진 우리, 달아나는 행복

가장 먼저 드는 생각은 이렇습니다. 행복하려면 일단 돈이 어느 정도 있어야 하지 않을까요. 돈이 다는 아니라고 해도, 당장 먹고살 돈이 없어 쫄쫄 굶어야 하는 상황이면 행복이란 물 건너간 일이니까요. 그래서 우선 돈과 행복의 문제, 조금 더 크게 말해서 경제 문제와 행복의 관계를 생각해 보겠습니다. 이 점에 대해서는 '행복 경제학'의 연구가 있습니다. 한번 그 결과를 볼까요.

리처드 이스털린(1926~ )이라는 연구자가 세계 30개 지역 사람들에게 행복의 요소가 무엇이냐고 묻는 대규모 설문 조사를 했습니다. 잘사는 나라와 가난한 나라, 자본주의 국가와 사회주의 국가, 동양과 서양, 기독교권과 이슬람권 등 다양한 지역의 사람들에게 물었으니, 이 조사는 사람들이 생각하는 행복에 대한 매우 포괄적인 연구 가운데 하나라고 할 수 있겠습니다.

세계인들이 답한 결과는 과연 무엇이었을까요? 경제적인 안정, 원만한 가족 관계와 사회생활, 건강 등이 행복의 요소라고 꼽았습니다. 대체로 우리가 예상할 수 있는 답이지요. 세계 어디에서나 사람들의 생각은 놀라울 정도로 비슷하다는 것을 알 수 있습니다. 아무튼 이 연구는 경제 여건이 행복에 매우 중요하다는 점, 조금 더 자세히 말하면 소득 수준과 개인의 행복은 정비례한다는 평범한 사실을 확인해 주었습니다. 그러니까 더 부유해질수록 사람들의 행복감이 커진다는 이야기지요.

이 정도로 끝났다면 이건 이야깃거리도 안 되었을 겁니다.

흥미로운 점은 그다음부터입니다. 소득 수준이 높아질수록 사람들이 더 행복해진다면 부유한 나라에는 가난한 나라보다 행복한 사람이 훨씬 더 많아야겠지요. 미국 같은 부자 나라에는 행복한 사람이 가득해야 하고, 쿠바 같은 가난한 나라에서는 국민 대다수가 불행하다고 답해야 맞겠지요. 그런데 행복하다는 사람의 비율은 나라마다 큰 차이가 없는 거예요. 말하자면 소득 수준이 올라가면 개인은 행복해지지만 국민 전체로 보면 행복의 수준이 크게 올라가지는 않습니다. 이를 '이스털린의 행복의 역설'이라 부릅니다.

더 나아가 최근에는 개인 차원에서도 돈을 더 많이 벌어도 행복해지는 데에는 한계가 있다는 보충 연구가 나왔습니다. 아주 가난한 사람이 돈을 벌어 생계가 안정되고 살림이 조금씩 나아지면 행복 지수가 높아지지만, 어느 단계에 이르면 행복도를 높이기가 쉽지 않다는 거지요. 이것은 한 개인도 그렇고 국가도 마찬가지입니다.[*]

그러니까 경제적인 요인은 행복과 관련이 있지만 결정적인 요인은 아니라는 것, 다시 말하면 돈이 100퍼센트 행복을 보장해 주지 못하다는 것을 알 수 있습니다. 실제로 거액의 복권 당첨금을 받은 사람이 몇 년 안에 그 돈을 다 탕진하고 예전보다 더 비참한 지경에 빠졌다는 뉴스를 가끔 접합니다. 물론 복권에

* 이정전, 『우리는 행복한가』, 한길사, 2008, 37~44쪽.

당첨되고 더 행복해진 사람도 있겠지만, 그런 이야기는 별 재미가 없으니 신문에 보도되지 않았겠지요. 복권에 당첨되거나 거액의 유산을 받는 식으로 큰 부자가 되었을 때, 왜 누구는 오히려 불행에 빠지고 왜 누구는 행복해지는 걸까요? 여러분은 어떻게 생각하나요? '내가 만일 엄청난 거액을 받으면 틀림없이 좋은 일도 많이 하고 우리 집도 훨씬 잘살게 할 수 있을 텐데.' 하고 많이들 생각하죠? 어떤 심리학자가 한 말이 생각나네요. 복권이 당첨되고 나서 불행해진 사람은 이미 그전에 불행했던 사람이고, 복권이 당첨된 뒤에 행복해진 사람은 이미 그전에 행복했던 사람이라고요.

이 점을 잘 기억해 둡시다. 경제적인 요소가 행복에 아주 중요한 기초 요인이긴 하지만, 그것만으로 모든 문제가 해결되는 건 아닙니다. 행복에는 경제적·물질적인 요인 외에 우리 내면의 요인들도 크게 작용하는 것이 분명합니다. 한 집안이든 사회 전체든 부자가 됐을 때 오히려 갈등이 불거지는 이유는 그 때문입니다.

멀리까지 살펴볼 필요도 없이, 바로 우리나라가 지금 이 문제로 고민하고 있습니다. 우리는 세계사에서 유례를 찾기 힘들 정도로 빠르게 경제 성장을 이루어 냈습니다. 그래서 살림이 훨씬 넉넉해진 것은 분명합니다. 그렇지만 사회 갈등과 불안, 실의와 좌절이 깊어졌습니다. 누구 말대로 우리나라는 '기적을 이룬 나라, 기쁨을 잃은 나라' 꼴이 되는 게 아닐까 걱정이 앞섭니다.[*] 행복해진다는 게 참 어려운 문제라는 생각이 들지요.

## 가까운 듯 먼 happiness와 幸福(행복)

옛날에 우리 조상들은 어떤 생각을 했을까요? 행복하게 살겠다
는 목표가 있었을까요? 그렇게 말하기에는 좀 곤란한 문제가 있
습니다. 무엇보다 본래 우리나라 말에 행복이라는 단어 자체가
없었기 때문입니다. 중국이나 일본도 마찬가지입니다. 행복이라
는 말이 아예 없으니 행복하게 살겠다는 인생 목표도 성립되지
않겠지요. 행복과 비슷한 개념을 굳이 찾는다면 안심(安心, 걱정
없이 편한 마음)이나 강녕(康寧, 몸이 건강하고 마음이 편함) 같은
것인데, 행복과는 뉘앙스가 분명 다르지요?

우리가 곧잘 쓰는 행복이라는 단어는 일본에서 만들어진 것
으로, 영어의 해피니스(happiness)를 번역한 말입니다. 사실 우
리가 쓰는 많은 단어들 중에는 일본에서 서구의 용어를 번역하
는 과정에 만들어진 것이 많습니다. 예컨대 사회, 회사, 과학, 민
주주의, 의회 따위가 그렇습니다. 일본에서 서구의 개념을 번역
할 때 어떤 것들은 특히 어려움이 많았다고 하는데, 그중 대표적
인 것이 '해피니스'입니다. 도대체 유럽이나 미국 사람들이 해피
(happy)하다고 하는 게 어떤 상태인지, 본디 동양에는 그 비슷한
개념이 없으니 그 뜻이 정확히 무엇인지, 또 그것을 어떻게 표현

[*] 다니엘 튜더 지음, 노정태 옮김, 『기적을 이룬 나라 기쁨을 잃은 나라』, 문학동네,
2012.

해야 할지 난감해한 거지요.

그렇다면 '해피니스'의 본래 말뜻은 대체 무엇일까요? 이 말의 어원을 살펴보면 우리의 사고를 정리하는 데 도움이 될 것 같습니다.

영어 사전에서 'hap'이라는 단어를 찾아보세요. '우연', '운' 같은 뜻풀이가 나올 겁니다. 'by hap'이라는 숙어가 있는데 이 말은 '우연히'라는 뜻입니다. 'happen'은 우연히 어떤 일이 일어나는 것을 말합니다. 이런 단어들에서 알 수 있듯이 'hap'이라는 어근을 가진 'happiness'라는 말은 '우연'이라는 의미와 관련이 있습니다.

단적으로 말해서 행복은 우연에 달린 것으로 우리 스스로 만들 수 없는 상태입니다. 그것은 하느님이 우리에게 허락해 줘야만 가능한 일입니다. 분명 하느님에게는 정해진 대로 이루어지는 필연일 테지만, 하느님의 뜻을 알 수 없는 인간으로서는 우연으로 받아들이겠지요. 왜 어떤 사람은 부잣집에 태어나고 머리가 좋은 데다 공부도 잘하고 하는 일마다 술술 잘 풀리는데, 왜 어떤 사람은 평생 고생만 하고 힘겹게 살아가다가 병에 걸려 고통스럽게 삶을 마치는 걸까요? 설명이 안 되지요. 그러니 하느님이 허락하면 행복해지고, 그렇지 않으면 행복하지 않다고 말할 수밖에 없습니다. 과거로 거슬러 올라가면 서구의 행복 개념은 이처럼 종교적인 색채가 짙습니다. 행복을 원한다면 하느님의 뜻에 따르는 수밖에 없습니다.

그렇지만 행복의 개념은 바뀌어 갑니다. 하느님을 바라보고만 있고 세속적인 것은 의미가 없다며 제쳐 두고 있을 수는 없습니다. 분명 부유해야 잘 사는 거지, 삼시 세끼 먹는 문제가 해결되지 않는데 만족하고 살 수는 없습니다. 사랑하는 사람 만나 알콩달콩 애정 가득한 삶을 사는 것도 중요합니다. 이런 세속적인 일들이 근대에 이르러 더 큰 의미를 띠게 됩니다. 그와 함께 이전 시대와 근본적으로 달라진 점은 우리 스스로 이 땅에서 행복을 만드는 게 가능하다는 믿음이 생겼다는 것이지요. 극단적인 종교 교리에 따르면 우리가 사는 이곳은 그림자 세상에 불과하고, 이곳의 삶은 다만 저세상에서 누릴 영원한 행복을 기다리며 참고 지내야 하는 시간일 뿐입니다. 이런 태도에서 벗어나 우리가 지금 살아가는 이곳의 삶을 개선할 수 있다는 것이 근대적인 사고입니다.

이렇게 행복의 뜻에 종교적인 가치와 세속적인 가치가 더해집니다. 행복이라는 개념의 두께가 점점 두터워진다고나 할까요. 그럴수록 의미가 복잡해지고 모호해질 수밖에요. 일본인들이 서구 문화를 접했을 때 마주친 '해피니스'는 이처럼 매우 복잡하고 난삽한 의미의 덩어리였습니다. 이 말을 어떻게 번역하면 좋을지 참 난감했겠지요. 그리하여 일본인들이 고민 끝에 정말로 어렵게 만들어 낸 말이 '행복'(幸福)입니다.

행(幸)은 고대 일본의 종교 관념에서 나온 것으로, 숲의 신 또는 산의 신을 흡족하게 해 주면 그에 대한 보상으로 짐승이나

물고기를 풍요롭게 얻는다는 개념이라고 하네요. 사냥해서 얻은 물자를 '야마노사치'(山の幸)로 표현하는 게 그런 흔적입니다. 한편, 바다 건너편에 있는 무한의 수명과 풍요의 세계와 관계를 맺는 신이 인간에게 가져다주는 것이 복(福)입니다.*

참 놀랍지 않습니까? 우리가 매우 자주 쓰고 우리 삶에서 중요하게 여기는 행복이라는 말이 일본 고대 종교의 개념을 이용해 서구 개념을 번역한 말이라니요. 많은 사람들의 인생 목표가 행복이라고 하지만, 그 단어가 생겨난 근원부터가 이렇게 복잡하고 의미도 모호한 상황입니다. 행복한 삶을 찾으려 해도 첫 출발이 어려운 이유입니다.

**함께 행복한 사회를 만들 수 있다는 새로운 생각의 탄생**

말뜻을 이해하기 어렵다는 이야기는 충분히 한 것 같습니다. 그 어려움을 붙잡고 개념적으로 해결하려 하기보다는 각도를 달리해서 이 문제에 접근해 봅시다.

오늘날 우리는 누구나 행복을 바라며 삽니다. 누군들 '불행하게 살다 가야지.' 하는 생각을 하겠습니까. 그러므로 우리가 지금 이곳에서 행복하게 살려고 하고, 그것이 가능하다고 생각하는 것이 근대적인 사고라는 점을 다시 확인해 둡시다. 오직 하느님이 허락해 줘야만 행복해질 수 있는 게 아니라, 내가 노력해

* 가와이 하야오·나카자와 신이치, 김옥희 옮김, 『불교가 좋다』, 동아시아, 2004, 112~115쪽.

서 행복한 삶을 누릴 수 있다는 것이 전제가 되어야겠지요.

너무 당연한 이야기 같은가요? 그렇지 않습니다. 지금 우리에게는 당연해 보일지 몰라도 500년 전인 근대 초에 이런 개념은 매우 새로운 것이었습니다. 그리고 행복이라는 말에는 여전히 종교적 또는 초월적인 가치가 담긴 동시에 물질적·현세적인 요소들이 더해졌습니다. 그 두 측면을 어떻게 조화시켜 나가는가가 핵심적인 과제겠지요. 말하자면 유토피아는 그런 목표가 이루어진 곳이라 할 수 있을 겁니다. 육체와 영혼이 모두 온전하게 평안한 곳이라고나 할까요.

여기에서 주의할 점이 하나 더 있습니다. 근대 초에 사람들이 희망했던 것은 '나'만 아니라 '우리'가 행복하게 살아가는 사회였습니다. 내 목숨 소중하고 내 가족이 우선이고 우리 집이 부자면 좋겠다는 것이 부인할 수 없는 우리 내면의 바람이라 해도, 실제로는 내가 속한 사회가 어떻든 나 혼자 잘 살겠다고 할 수는 없습니다. 세상이 온통 불바다인데 혼자서 잘 산다는 것은 도덕적으로 문제가 있으며 현실적으로 가능하지도 않습니다. 유토피아의 꿈은 한 개인이 아니라 사회 구성원이 모두 행복하게 사는 곳을 만들자는 것입니다.

그렇다면 물질적으로 개선되고 정신적으로 풍요로우며 그 두 측면을 조화롭게 지켜 나가는 사회, 그것을 과연 어떻게 이루어 낼 수 있을까요?

〈행복의 비유〉

아그놀로 브론치노, 1564

가운데에 앉아 있는 행복의 여신 양옆에 정의와 현명함이 서 있다.
정의와 현명함은 아래에 있는 운명과 우연으로부터 행복의 여신을
수호자처럼 지킨다. 근대 초에 이르러 우리의 행복을 운명에 맡기는
것이 아니라 함께 만들어 나갈 수 있다고 생각하기 시작했다.

## 『홍길동전』과 『유토피아』의 공통점과 차이점

이 질문에 답을 얻어 보려고 우리는 앞으로 『유토피아』라는 작품을 분석할 텐데, 그러기 전에 우리나라에는 이런 경향의 작품이 없었을까 궁금해지지요? 비슷한 사례를 찾다 보니 『홍길동전』이 생각나네요. 이 이야기를 간단히 살펴볼까요.

주인공 홍길동은 조선조 세종 때 한양에 사는 홍 판서와 여종 춘섬 사이에 태어난 아들입니다. 어느 날 홍 판서가 아주 좋은 용꿈을 꾸어 훌륭한 자손을 본다는 길조다 싶어 마님에게 달려갔는데, 그날 마님 기분이 별로 안 좋았던 모양입니다. 냉정하게 동침을 거절한 거지요. 거참 무안하다 싶은 차에, 마침 춘섬이 차를 준비해서 방에 들어왔습니다. 자세한 이야기는 생략하고……. 이렇게 해서 춘섬이 낳은 아들이 길동입니다.

여기에서 문제가 시작됩니다. 분명 영특하고 재주가 출중한 아이인데, 정실이 아닌 여종이 낳은 이른바 서출이니 자기 뜻을 펼칠 기회를 얻지 못합니다. 심지어 가족 안에서도 아버지를 아버지라 못 부르고, 형을 형이라 못 부르게 합니다. 사람 대접을 못 받는 거지요. 실제로 이런 일을 겪는 당사자는 얼마나 서럽겠습니까. 그러니까 무엇보다도 이 사회의 신분 문제, 즉 출생에 따라 많은 것이 정해지고 제약을 받는 문제가 심각하다는 것이 이 작품에서 드러납니다. 심지어 가족들은 길동을 없애려고 자객까지 보냅니다. 이 일을 겪은 뒤 길동은 가출해 버립니다.

가출 청소년이 흔히 범죄 집단과 만나는 것은 예나 지금이

나 큰 차이가 없는 모양입니다. 길동은 도적 소굴에 들어가 힘자랑 끝에 두목 자리를 꿰찹니다. 그러고는 본격적으로 실력을 발휘하지요. 부자 절을 털고, 팔도 지방 수령들이 부정부패로 얻은 곡물을 빼앗아 옵니다. 이런 대목에서는 부정한 권력의 횡포와 가난에 시달리는 민초들의 실상 또한 엿보입니다. 홍길동 무리는 그냥 단순 무식한 도둑들이 아니라, 의롭지 못한 자들의 재물을 빼앗아 가난한 사람들을 돕는 의적으로 행세하지요. 그래서 이름도 멋있게 활빈당(活貧黨, 가난한 사람들을 돕는 무리)으로 짓습니다. 그래 봤자 도둑인 건 매한가지지만요.

전국에서 활빈당의 노략질이 심해지니 조정에서 빨리 도적들을 잡아 오라고 명령을 내리지만, 신출귀몰하는 길동을 잡을 수는 없습니다. 기껏 잡아 놓고 보면 길동이 도술로 만들어 낸 허수아비 인간입니다. 아바타 홍길동을 잔뜩 만들어 나라님을 농락하더니 마침내 길동이 기가 막힌 제안을 합니다. 병조 판서를 시켜 주면 자수하겠다는 거였어요. 요즘 같으면 조직폭력배 두목이 자기에게 국방부 장관을 시켜 주면 나쁜 짓 안 하고 착하게 살겠다는 것과 같은 셈입니다. 어이없는 제안인데, 소설 속에서 임금님은 그렇게 하시네요. 길동은 벼슬아치 복장을 차려입고 초헌(종2품 이상의 벼슬아치가 타던 수레)을 타고 대궐에 들어가서 평생의 한을 풀어 주시니 고맙다고 인사만 한 다음 '그럼 저는 이만.' 그러면서 하늘로 사라져 버립니다.

그 뒤 길동은 도적 무리를 이끌고 고국을 떠나 중국의 남경으로 떠나지요. 가는 길에 산수가 좋은 율도국이라는 땅을 발견합니다. 이곳에서 길동이 요괴를 물리치고 미녀를 구한 뒤 율도국 왕이 되는 것으로 이야기가 흘러갑니다. 그 후 아버지가 세상을 떠났다는 이야기를 듣고 귀국해서 삼년상을 치른 다음 다시 율도국으로 돌아가 그 나라를 잘 다스렸다고 합니다.* 재미있는 고전 소설이지요.

이 이야기를 읽으며 여러 생각을 하게 됩니다. 저자 허균(1569~1618)은 당시 사회가 안고 있는 많은 문제점을 잘 지적하고 있습니다. 출생 신분으로 모든 것이 결정되는 신분제의 모순과 민초들의 힘겨운 생활상을 거론하고, 또 이런 문제들을 해결하지 못하는 무능하고 사악한 조정과 지방 관아들의 문제점도 잘 지적합니다. 이 상황에서 주인공 길동이 시대의 문제를 해결하려는 영웅으로 부각됩니다.

그런데 문제는 잘 제기했지만, 그에 견주어 답이 부실한 느낌입니다. 길동이 하는 일이 다소 괴기하지요. 도술을 부려 권력층을 괴롭히고 재물을 빼앗아 가난한 사람들에게 나눠 줍니다. 억울하고 가난한 사람들에게는 속이 시원한 복수 이야기이자, 자신들을 도와주는 온정 넘치는 이야기라고 할 수는 있겠지요.

그러나 그뿐입니다. 한 번은 얻어먹는다 해도, 부자들 재물을 빼앗아 나눠 주는 정도로 세상 문제가 풀릴 수 있을까요? 내

---

* 줄거리는 『홍길동전·전우치전』(허균, 김현양 옮김, 문학동네, 2010)을 참조.

친김에 이야기를 더 호방하게 풀 수는 없었을까요? 예컨대 도적 무리를 이끌고 조정을 갈아엎어 권력을 잡은 다음 양반 질서를 무너뜨리고 공평한 사회를 만든다는 식으로요. 하지만 그건 지금 우리 생각이고, 조선 시대 유교 지식인인 허균이 그런 이야기를 만들 수는 없었을 거예요. 비록 그가 당대에 보기 드문 파격적인 문인이라 해도 말입니다. 이른바 시대의 한계인 셈이지요.

그러다 보니 주인공은 현실을 떠나 가상의 세계로 향합니다. 율도국이라는 외부의 가상 공간에 자기 세계를 지어 보는 것이지요. 그러면 율도국은 어떤 곳일까요? 사실 별다른 특색이 없습니다. 그냥 땅이 기름져서 살기 좋고, 권력을 잡은 홍길동이 좋은 왕으로 잘 다스리는 곳입니다. 가상의 공간이 의미가 있으려면 실제 사회를 비판하고 성찰하는 거울 역할을 충실히 해야겠지요. 나아가 그 사회가 어떤 식으로 조직되어 있고 어떤 원리로 운영되는지 잘 구성해서 보여 줘야 합니다. 앞으로 사회가 어떤 방향으로 개선되면 좋을지 나름대로 준비한 개혁안 같은 것을 실험해 봤으면 좋았을 텐데, 아쉽게도 『홍길동전』은 그런 측면이 너무 약합니다.

『홍길동전』을 끌어와 비교한 이유는 『유토피아』의 특징을 부각해 보기 위해서입니다. 『유토피아』는 공상의 세계, 허구의 나라를 그리고 있습니다. 그러나 그것은 막연한 상상이 아니라 현실에 대한 철저한 비판에서 출발하여, 사회가 어떤 방향으로 나아가야 할지 탐색합니다. 현실 사회의 여러 문제점을 포착하고 그 문제들이 개선된 사회를 그려 보는 거지요.

사회 문제들이라는 것은 서로 긴밀하게 연결되어 있습니다. 예컨대 식량 부족 문제를 해결하는 방안에서 출발한다 해도 결국은 정치 체제, 사회 구조, 가족 구성, 종교와 철학 등을 종합적으로 디자인하지 않을 수 없습니다. '지금 이곳에서 우리 모두' 행복한 사회를 건설하려면 어떻게 해야 할 것인가? 이런 문제의식에서 나온 『유토피아』는 근대 사회의 병폐를 고쳐 보고자 치열하게 고민한 결과물이라 할 수 있습니다.

## 고대와 중세의 꿈, 황금시대·코케인

사실 인간은 늘 행복한 시대와 행복한 곳을 꿈꾸어 왔습니다. 유토피아라는 근대적인 꿈을 살펴보기 전에 근대 이전 시대, 곧 고대와 중세에는 사람들의 꿈이 어떠했는지 알아봅시다.

우선 아주 먼 옛날에는 아무 근심 걱정 없이 누구나 다 잘사는 세상이었는데, 이후 사람들이 점점 못살게 되어 오늘날에 이르렀다는 신화적인 사고가 있습니다. 이른바 황금시대가 그것입니다. 대표적인 것이 오비디우스(기원전 43~기원후 17)의 『변신』에 나오는 황금시대 이야기입니다.

첫 시대는 황금시대였으니, 이 초기의 날들에는
아무런 법도 권력도 없었다. 그래도 사람들은
올바른 일을 했고 강요하지 않아도 약속을 지켰다.

아무런 처벌도 위협도 없고, 협박의 말을

놋쇠 명판에 새겨 둘 필요도 없었다. (……)

그러는 동안 대지는

가래와 보습이 닿은 적 없는데도, 기꺼이

사람들이 원하는 것을 베풀었다.

사람들은 대지의 선물에 만족하였으니

그것은 억지로, 강제로 빼앗은 것이 아니었다. (……)

일 년 내내 봄이어서, 따뜻한 서풍이

씨 없이도 자라난 꽃들을 어루만지며 지나갔다.

경작도 하지 않은 땅이건만 여기에

수염 난 밀 줄기들이 빽빽하게 자라 하얗게 빛났다.

강물에는 우유와 넥타*가 넘치고

참나무에서는 황금빛 꿀이 흘러 나왔다.**


황금시대에는 사람들이 힘들게 일하지 않아도 대지는 원하는 것을 줍니다. 그런 자연에 따라 사람들 또한 선하고 순진무구하여 평화롭게 살아갑니다. 이것이 사람들이 살던 최초의 시대입니다. 그런데 세월이 흘러 자연과 사람 모두 변질되고 나빠지기 시작합니다. 은의 시대, 청동 시대를 거쳐 철의 시대로 갑니

* 그리스 신화에서 신들이 마시는 불로장생의 음료수.
** G. Claeys, L. Sargent, *The Utopia Reader*, New York University, 1999에 인용된 원문을 우리말로 옮겼다.

## 〈황금시대〉

루카스 크라나흐, 1530

황금시대에 자연은 풍요롭고 먹을 것이 넘쳐 인간은 일할 필요가 없었다.
사람들은 한가롭게 대화를 나누기도 하고, 과일 맛을 보거나 물놀이를
하기도 하며, 여럿이 즐겁게 춤을 추기도 한다. 그림 속 동물과 사람이
모두 평화롭기 그지없다.

다. 시간이 갈수록 날씨도 나빠지고 자연의 혜택도 줄어들고, 그에 따라 인간의 고생도 심해질뿐더러 결과적으로 사람들 사이의 관계가 나빠지는 겁니다. 이런 신화적인 사고에 따르면 현재 우리가 살아가는 때가 바로 최악의 시대인 철의 시대입니다.

> 악이 터져 나왔다. 그런 조악한 곳에서
> 겸손이니 진실이니 믿음이니 하는 것들은 후퇴하고
> 그 자리에 사기, 간사한 계략, 야만적인 폭력,
> 배신, 그리고 수치스러운 이익의 추구가 대신 들어섰다. (……)
> 그리고 한때 햇빛이나 공기처럼 모든 사람들 것이던
> 대지는 측량사의 줄자 아래 감시당했다.

먼 과거에 더없이 좋은 때가 있었는데, 시간이 흐르면서 자연이든 사회든 모두 나빠져 오늘날 이렇게 사악한 때가 되었다는 사고방식은 많은 문명권에서 볼 수 있습니다. 중국에서는 요순 시대가 비슷한 개념이겠죠. 먼 옛날의 황금시대를 예찬하는 작품으로는 이 밖에 헤시오도스(기원전 8세기 무렵)의 『노동과 세월』 같은 작품도 있고, 성격이 조금 다르지만 성경의 창세기 1장에 나오는 에덴동산 이야기도 같은 종류라 할 수 있습니다.

또 황금시대는 이미 지났지만 그때와 비슷한 곳이 어딘가에 남아 있다는 식의 이야기도 있습니다. 사람들이 모두 소박하고 평화롭게 살아가는 목가적인 지방 아르카디아가 그런 곳으로 찬미되었습니다. 이곳은 다른 지역과 떨어져 고립된 그리스의 땅인데, 주민들이 아름다운 자연 속에서 행복한 목축 생활을 하는 것으로 알려졌습니다. 고대의 베르길리우스(기원전 70~기원전 19)부터 르네상스 시대의 야코포 산나차로(1456~1530)에 이르기까지 많은 시인들이 이상적으로 그려 아르카디아라는 말이 일종의 이상향을 가리키게 되었습니다.

현재가 아닌 다른 때에 이상향이 존재한다는 사고방식에서 시간의 앞뒤를 바꾼 경우도 있습니다. 먼 과거가 아니라 먼 훗날에 그런 때가 온다는 이야기로 종말론이라는 게 있지요. 인간의 역사가 한없이 이어지는 게 아니라 언젠가 종말이 닥칩니다. 시간의 끝에서는 무엇이 우리를 기다릴까요? 비극적인 종말일 수도 있고, 행복한 천국일 수도 있겠지요. 이왕이면 더할 나위 없는 행복의 때가 찾아온다면 좋겠네요.

행복한 천국의 예로는 고대 그리스의 종교에 나오는, 또는 철학자나 문인들이 그리던 엘리지움이 대표적입니다. 엘리지움은 본래 고대 그리스 신화에서 신과 연관된 사람들이 죽은 뒤에 가는 곳이었는데, 나중에는 신들의 선택을 받을 만큼 정의롭거나 영웅적인 행위를 한 사람들도 가는 것으로 개념이 확대되었습니다. 호메로스는 이 세상의 서쪽 끝에 엘리지움이 있는 것으로 그렸습니다. 그곳에 가는 사람들은 신의 축복을 받아 영원한 행복 속에서 지내겠지요. 그 밖에 성경의 창세기에 나오는 천국이나 아브라함에게 약속된 땅도 비슷한 개념이라 하겠습니다.

이상향 이야기 가운데 여기에서 조금 더 자세히 살펴보고 싶은 것은 코케인이라는 민중적 이상향입니다. 이는 유럽의 중세 민담에 나오는 서민들의 꿈입니다. 가난한 농민들은 어떤 세상을 염원했을까요?

에스파냐 서쪽 먼 바다에
코케인이라 불리는 나라가 있다.
하늘 아래 그 어디에도
이보다 더 즐거운 곳은 없다. (……)
코케인에는 고기와 술이 넘치네.
땀 흘리고 애쓰고 열심히 일하지 않아도
고기는 공짜고 술은 넘쳐흐르니
돈 없어도 되고 걱정 안 해도 된다네.
낮이나 밤이나 원하는 것은 달라면 되고
모든 것이 당신의 즐거움을 위해 있다네.*

농민들이 생각하기에 가장 좋은 곳은 그리 복잡하지도 고상하지도 않습니다. 일단 먹을 것 많고 힘든 일에서 벗어나 편안하게 지낼 수 있는 곳이지요. 거기에 한 가지 요소가 더 있습니다. 즐거운 오락과 연애가 있으면 금상첨화입니다. 이 노래에서

* G. Claeys, L. Sargent, 앞의 책.

예로 드는 곳이 수도원과 수녀원이네요. 실제 수도사들이 놀고 먹으며 연애만 할 리야 없지만, 농민들이 볼 때 일부 수도원이나 수녀원의 부패가 한편으로는 밉고 한편으로는 부러웠을 테지요. 그래서 이렇게 노래합니다.

여름 날씨가 너무 더우면
젊은 수녀들은 보트를 타고
노를 힘껏 저어 강에 들어가
용감하게 강변으로부터 멀리 나가서
집에서 아주 멀어졌을 때
옷을 벗고 물결과 바람을 즐기다가
물속으로 첨벙 뛰어들어
물을 튕기고 헤엄친다네.
이를 본 젊은 수사들은
기쁜 마음에 서둘러 다가오도다.
곧바로 수녀들에게 가까이 가는 동안
각자 자기 파트너를 정하고는
재빨리 자기 노획물과 함께
호기심에 찬 눈들을 피해
수도원의 은밀한 오두막으로 가서
진실한 사랑의 매듭을 엮는다오.

우리는 왜 농민이 이런 상상을 했는지 충분히 이해할 수 있습니다. 먹는 문제가 절실한 시절, 굶주림과 중노동에 시달리던 농민이 바라는 게 뭐가 있겠습니까? 아침 못 먹고 점심 건너뛰고 저녁 안 나온다고 생각해 보세요. 그럴 때 무슨 그런 고상한 이야기가 나오겠습니까. 삼겹살 한 판 구워 상추에 큼직한 고깃점 싸서 볼이 미어지도록 입에 밀어 넣고 먹으면 좋겠다는 생각뿐입니다. 온종일 땡볕에서 일하는 대신 희희낙락 놀면서 지내면 그게 바로 낙원이지요.

브뤼헐이 그린 〈코케인의 나라〉라는 그림을 한번 볼까요. 나무와 지붕 위에 먹을 빵과 과자들이 널려 있습니다. 농민들은 농기구를 땅에 놔두고 기사들도 무기를 땅에 내버려 둔 채 낮잠을 자거나 먹을 게 그냥 입으로 들어가기를 기다리며 위만 쳐다보고 있네요. 사람들은 모두 통통하게 살이 쪘습니다. 오리 고기 요리가 바로 옆에 있어서 손만 뻗어서 먹으면 됩니다. 그뿐이 아닙니다. 잘 보면 달걀이 스스로 반숙이 되어 이 사람들을 향해 걸어오고 있습니다. 더 기특한 것은 오른쪽에 그려진 돼지입니다. 따로 요리할 필요도 없이 옆구리 살은 벌써 불고기가 된 상태인 데다가 친절하게도 칼까지 꽂혀 있어요. 이 돼지가 "제 고기 한번 먹어 보시겠어요." 하며 다닙니다. 사람들은 칼로 돼지 옆구리 살을 썰어서 먹기만 하면 됩니다.

이런 나라가 있다면 나도 거기에서 살고 싶습니다. 하지만 그런 곳이 세상 어디에 있을까요? 당연히 없지요. 그러니까 이

〈코케인의 나라〉

피터르 브뤼헐, 1566

나무 둥치의 둥그런 식탁에 음식물이 있고, 왼쪽 건물 지붕에도 음식이
널려 있다. 심지어 구운 고기가 자기를 먹어 달라고 유혹한다. 힘겨운
노동과 굶주림에 시달리는 이들의 소망이 해학적으로 담겨 있다.

것은 그냥 단순히 그랬으면 좋겠다는, 문자 그대로 꿈일 뿐입니다. 이루어질 수가 없는 것입니다.

코케인뿐 아니라 앞서 보았던 황금시대, 목가적인 아르카디아, 내세의 천국 등은 모두 이룰 수 없는 꿈이라는 점에서 비슷합니다. 그곳들은 마치 어머니 품처럼, 현실에 지친 사람들에게 위로를 주는 곳입니다. 말하자면 '주어진 곳'일 뿐, 인간이 만들어 내는 사회가 아닙니다. 그러나 유토피아는 바로 이 점에서 본질적으로 다릅니다. 물론 유토피아도 상상의 세계이긴 하지만, 인간이 노력해서 그런 사회를 만들자거나 적어도 그와 가까워지도록 노력하기 위한 것입니다.

### 근대의 꿈, 유토피아

거듭 말하지만, 유토피아는 근대적인 꿈입니다. 모어의 『유토피아』가 16세기, 즉 우리가 통상 이야기하는 근대 초에 나온 작품이라는 점을 염두에 두도록 합시다. 이와 관련해서 한 가지 사실을 더 지적하겠습니다. 비슷한 시기에 나온 다른 고전으로 마키아벨리의 『군주론』이 있습니다. 철두철미하게 현실적인 정치 인식을 촉구한 정치학의 고전이지요. 『군주론』은 여러모로 『유토피아』와 정반대되는 작품입니다. 꿈을 꾸라는 게 아니라, 아직 꿈에서 벗어나지 못했다면 깨어나 현실을 직시하라고 말하기 때문입니다. 그러나 현실을 있는 그대로 보자는 『군주론』과 현실을 비판적으로 보고 그것을 혁신할 방향을 찾자는 『유토피아』는 어떤 면에서는 동전의 양면과 같다고 할 수 있겠지요.

아무튼 모어의 『유토피아』를 시초로 하여 그 뒤 비슷한 작품들이 연이어 나왔습니다. 이런 작품들을 '유토피아 장르'라고 합니다. 우리가 지금까지 살펴보았던 '유토피아'의 성격이 이 장르의 특징으로 나타납니다. 곧 이 작품들은 흔히 여행기 형식을 띠며, 알려지지 않은 세계로 사람들을 인도하는 내용을 담고 있습니다. 그럼에도 그곳은 단순히 색다른 상상이나 이국취미로 그려서는 안 됩니다. 그 세계에는 분명한 현실적 구조가 있습니다. 유토피아는 정치 체제를 이룬 합리적인 사회이며, 동시에 모든 주민들이 행복을 누린다는 이상을 유지해야 합니다. 이 나라는 그냥 주어지는 게 아니라 얻어 낸 것, 만들어 낸 것, 또는 만들고 싶은 것입니다.

그러면 토머스 모어 이후에 작가들은 어떤 식으로 그런 사회를 만들고자 했을까요.

예컨대 프랜시스 베이컨(1561~1626)은 『새로운 아틀란티스』(1627)라는 작품에서 과학 기술의 힘으로 우리 사회가 직면한 문제를 풀 수 있다고 설명합니다. 학자들의 모임인 솔로몬 전당이라는 곳에서 사회에 필요한 각종 기술을 발전시켜 생산성이 훨씬 개선된 각종 작물, 강력한 새로운 무기들, 인간에게 쾌감을 주는 향기가 나는 특별한 방 따위를 만들어 낸다는 거지요. 유럽에서 과학이 본격적으로 발달하기 시작하는 시기의 상상력이 발휘된 작품이라 할 수 있겠습니다.

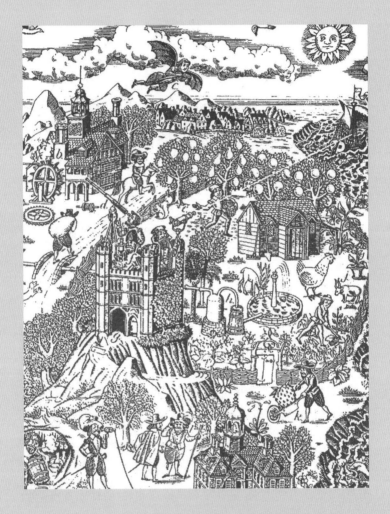

## 과학 기술의 상상력으로 만든 이상향

프랜시스 베이컨은 『새로운 아틀란티스』에서 과학 기술의 힘으로 세상을
좋게 만들 수 있다고 주장했다. 그림에는 하늘을 나는 사람, 망원경,
현미경, 자동 분수, 개량 식물 등이 있다. 근대에는 막연한 꿈을 품은 게
아니라, 인간 이성에 대한 믿음으로 사회를 개선하고자 했다.

이에 견주어 토마소 캄파넬라(1568~1639)는 『태양의 도시』(1602)라는 작품에서 당시의 기독교와는 완전히 다른 새로운 종교가 사람들을 해방하는 공동체를 구상했습니다. 일종의 신정 정치(신의 뜻을 구현하는 지배자의 뜻에 따라 통치하는 방식)가 구현된 이 나라에서는 모든 물품과 여인과 아이들을 공유하는 것으로 그려져 있습니다.

참 흥미롭지요. 출판 연도가 약 25년밖에 차이 나지 않아서 거의 같은 시기에 나온 작품이라고 할 수 있는데, 하나는 과학 기술을 바탕으로 하는 새로운 이상향을 구상하는 반면 다른 하나는 새로운 신학을 바탕으로 하는 나라를 구상하고 있습니다. 작가의 문제의식이 다르면 사회 문제를 파악하는 방식도 다르고 해결 방식도 다르다는 점을 알 수 있습니다.

그럼에도 두 작품은 막연하고 허무맹랑한 꿈이 아니라 현실 세계에 대한 비판적 성찰에 근거한 꿈이라는 공통점이 있습니다. 이처럼 유토피아 장르에서 그리는 사회는 그 방향으로 나아갔으면 하는 바람에서 가상으로 구성해 본 새로운 사회 모델의 성격을 띠고 있습니다.

유토피아는 인간의 이성을 신뢰해야만 그릴 수 있다는 점에서 새로운 형식의 꿈입니다. 꿈은 현실을 반영하지요. 새로운 시대가 새로운 꿈을 낳은 것입니다.

유토피아를 여행하기 전에

# 토머스 모어와
## 그의 시대 *1*

**탁월한 지성과 강직한 도덕을 갖춘 토머스 모어!?**

다른 작품들도 대부분 그렇겠지만, 특히 『유토피아』는 시대의 고통에 대한 저자의 진단과 처방이라는 성격이 강합니다. 따라서 이 작품이 탄생한 배경과 저자를 알아보는 게 이 작품을 이해하는 데 중요합니다.

먼저 저자부터 알아볼까요. 토머스 모어(1478~1535)는 1478년 영국에서 법률가 존 모어의 아들로 태어났습니다.

그 무렵 교육 방식은 오늘날과 많이 달랐습니다. 똑똑한 아이는 어린 나이에 훌륭한 학자나 명망 있는 고위 인사의 집에 시동으로 들여보내 어른에게서 직접 배우게 했습니다. 토머스 모어도 12세에 당대의 명망가 가운데 한 명인 존 모턴(1420~1500) 경의 저택에 들어갔습니다. 캔터베리 대주교와 추기경을 지낸 모턴 경은 『유토피아』 작품에도 등장하는 인물입니다. 그는 어린 토머스 모어가 아주 똑똑하다는 것을 알고 옥스퍼드 대학에 보냈으며, 모어는 이곳에서 라틴어와 그리스어를 열심히 공부했습니다.

모어는 한동안 수도원에서 생활하기도 했습니다. 수도사 생활을 한 경험은 그의 삶에 중대한 흔적을 남겼을 뿐 아니라 『유토피아』의 저술에도 큰 영향을 끼친 것으로 보입니다. 그는 계속 종교인으로 남을지 고민하다가 사회로 환속해서 17세의 어린 신부 제인 콜트(1488~1511)와 결혼했습니다.

그 뒤 토머스 모어의 이력을 몇 가지로 나눠서 살펴보도록 하지요.

첫째, 토머스 모어는 현실 정치가였습니다. 그는 국왕 헨리 7세(1457~1509) 때 법률가, 런던 시 사정장관보, 하원 의원을 지냈으며, 헨리 8세(1491~1547) 때는 대법관직을 역임했습니다. 당대 최고위직을 두루 지낸 것이지요. 이런 활동을 하면서 그는 서민들을 위해 많은 노력을 한 것으로 알려져 있습니다.

둘째, 토머스 모어는 독실한 기독교도였습니다. 그는 4년 동안 카르투지오 수도원에서 수사 생활을 했습니다. 종교 개혁의 시대였던 당시 그도 종교의 부패상에 비판적이었지만, 마르틴 루터(1483~1546) 같은 종교 개혁가와는 달리 가톨릭 신앙을 그대로 지키면서 교회를 개선하자는 견해를 취했습니다. 영국에서는 종교 개혁이 특이한 이유로 이루어졌는데, 국왕의 이혼 문제라는 사상 초유의 사정과 결합된 정치적인 성격의 개혁이었습니다. 이런 움직임에 찬성하지 않았던 그는 국왕 헨리 8세에게 저항했고 그 때문에 런던 탑에 갇혔습니다.

셋째, 토머스 모어는 탁월한 인문주의자였습니다. 역사·철학·문학 등 우리가 인문학이라 일컫는 학문 분야를 열심히 공부하여 높은 경지에 이르렀지요. 성경에 대해서도 깊이 알고 신학에 박학했으며, 아우구스티누스(354~430)의 『신국』에 주석을 달았습니다. 또한 고전 그리스어에도 무척 밝았습니다. 현실 정치가인 동시에 최고 수준의 학자였던 것입니다.

이런 면들을 보면 그는 정말로 탁월한 인물이었던 것이 분명합니다. 요즘으로 치면 최고 엘리트 교육 과정을 거쳐 변호사, 국회의원, 외교관, 서울시 부시장 등을 지낸 뒤 대법관 자리에 올랐고, 동시에 최고 지식인으로 존경받은 셈입니다. 그러나 행운은 여기까지였습니다.

토머스 모어는 국왕의 이혼 문제와 관련해 자기가 옳다고 생각한 바에서 조금도 물러서지 않았으며, 심지어 국왕에게 저항했습니다. 국왕 헨리 8세는 자신의 이혼을 허용하지 않으려는 교황의 반대에 직면하여 아예 가톨릭을 부정하고 영국에 새로운 종파의 기독교를 설립하기로 했습니다. 자기 자신이 기독교계의 최고 어른이라는 주장을 펴서 이를 법제화한 이른바 '수장령'을 발표했습니다. 영국 국왕이 교황과 맞먹는다는 뜻이지요. 성공회라 불리는 영국 특유의 기독교 교파가 이렇게 만들어졌습니다. 그러나 이것을 받아들일 수 없었던 토머스 모어는 국왕의 명령을 거부했고, 끝내 반역죄로 구금되었다가 1535년에 사형당

〈토머스 모어〉

한스 홀바인, 1527

토머스 모어는 행정과 외교 분야에서 활약하고 대법관을 지내기도 한
뛰어난 현실 정치가였다. 동시에 『유토피아』를 저술하는 등 최고의
지식인이기도 했다. 그는 풍자와 해학이 넘치는 글을 쓰고
활발한 논쟁을 벌였다.

했습니다.

토머스 모어는 죽을 때도 끝까지 침착한 태도를 잃지 않은 것으로 알려져 있습니다. 처형대에 올라갈 때 사형 집행인에게 "내가 사형대에 올라가는 것 좀 도와주게. 내려가는 것은 도와달라고 하지 않을 걸세."라고 말했다고 합니다. 그가 사형당하고 400년이 지난 1935년, 로마 교황은 그를 성인으로 올렸습니다 (그는 정치가의 수호성인이 되었습니다).

지금까지 훑어본 이력이 토머스 모어를 두고 흔히 거론되는 내용입니다. 이에 따르면 토머스 모어는 그야말로 뛰어한 지성에 지극한 종교심, 그리고 강직한 도덕성을 간직한 훌륭한 인간이라고 할 수 있겠지요. 성인 경지에 오른 정치가이자 학자라는 말입니다.

그런데 정말 그럴까요? 어떤 한 인물에게 존경할 만한 점만 있을 수 있을까요? 의심해 볼 만한 문제지요.

과연 최근의 연구들은 토머스 모어에 대해 지금까지 알려진 것과는 다른 면모를 많이 밝혀냈습니다. 가정적이고 따뜻한 아버지에 종교적으로 관용적이며, 정치적으로 온건했다는 그의 면모는 지금까지 너무 신화화되어 왔습니다. 실제 그는 젊은 아내가 죽자 바로 다음 달에 재혼했고, 종교적으로 관용의 태도를 보이기는커녕 이단을 화형에 처해야 한다고 주장했습니다. 정치적으로도 죽음을 무릅쓰고 국왕에게 격렬히 저항한 태도는 100퍼센트 긍정적이지만은 않은, 극단적인 정치가의 면모로 해석할 수도 있습니다.

당연한 이야기지만, 어느 한 인물을 신화화하는 것은 분명 위험한 일입니다. 모든 면에서 완벽한 사람이었다고 하면 대개는 과장이겠지요.

그럼에도 토머스 모어가 그 시대 최고의 지식인이고 아주 활동적인 정치가였다는 사실까지 부정되는 것은 아닙니다. 그는 자기가 직접 겪은 현실 세계의 고통을 꿰뚫어 알고 비판적 성찰을 한 덕분에 『유토피아』 같은 작품을 쓸 수 있었습니다. 『유토피아』가 막연하고 헛된 공상이 아니라 현실을 반영한 이유가 여기에 있습니다. 그런 점에서 이 작품이 나온 시대 배경을 살펴보는 것도 매우 중요합니다.

**전염병, 기근, 전쟁, 또 전쟁⋯⋯. '해가 지지 않는 제국'의 첫걸음**

토머스 모어는 근대 초에 영국에서 살았던 인물이라는 점을 이야기했습니다. 자신의 시대에 투철했던 인물인 만큼 그가 쓴 작품은 바로 그 시대에 대한 증언이라 할 수 있습니다.

그 무렵 영국은 이른바 중세 말의 위기를 거쳐 근대적인 발전을 이루고 있었습니다.

여기서 먼저 중세 말의 위기 현상을 알아보도록 합시다. 유럽에서 14~15세기는 문명이 거의 붕괴될 정도로 심각한 위기에 빠진 시기였습니다. 위기는 대개 전쟁, 질병, 기근의 모습으로 나타나지요. 사실 그 세 가지는 서로 얽혀 있는 요인들입니다. 전쟁이 기근을 불러오고, 사람이 굶주리면 면역력이 약해져서 전염병이 기승을 부리고, 이렇게 상황이 나빠져서 사람들 사이의 갈등이 심해지면 다시 전쟁을 불러옵니다.

당시 가장 큰 재앙은 페스트(흑사병)라는 심각한 전염병이었습니다. 이 병과 기근이 한꺼번에 닥친 결과, 지역에 따라서는 인구의 3분의 1 이상이 사망하기도 했습니다. 좋은 상상은 아닙니다만, 오늘날 서울에 이런 정도의 전염병이 돌아서 서울 인구의 3분의 1이 사망했다고 해 봅시다. 즉 300만 명이 넘게 사망했다는 이야기인데, 여러분 학교의 모든 학급에서 세 사람 중 한 명이 죽었다고 가정해 보세요. 페스트가 얼마나 엄청난 충격이었을지 감이 잡히지요? 그러는 동안 영국과 프랑스 사이에는 백년전쟁(1337~1453)이 벌어졌습니다. 전쟁이 100년 넘도록 이어졌으니 그 피해는 이루 말할 수 없었겠지요.

1453년에 백년전쟁이 끝났지만 그것으로 끝이 아닙니다. 영국에서는 곧이어 1455년부터 30년 동안 장미전쟁이 일어납니다. 흰 장미를 상징으로 삼은 요크가와 붉은 장미를 상징으로 삼은 랭커스터가라는 두 귀족 가문 사이의 투쟁은 아름다운 이름과 달리 아무 의미 없는 학살의 연속이었습니다.

100년 동안 전쟁을 치른 뒤에 다시 30년 동안 전쟁이 이어졌으니 영국인들은 이제 전쟁이라면 지긋지긋했겠지요. 귀족들 사이의 잔혹한 싸움이 지속되는 것보다는 차라리 강력한 군주가 군림하여 정치적으로 안정을 되찾아 주기를 열망했습니다.

장미전쟁이 끝난 1485년에 튜더 왕조가 시작됩니다. 영국사에서는 대개 이 시점을 근대의 시작이라고 봅니다. 튜더 왕조를 세운 국왕이 헨리 7세이고, 그를 이어 16세기 초에 영국을 더욱 발전시킨 국왕이 헨리 8세입니다. 토머스 모어는 이처럼 중세 말에서 근대로 넘어가는 전환기에 활동했습니다. 그전까지 영국은 유럽 변방의 가난한 소국에 불과했지만, 이제부터 비약적인 발전을 거듭해서 19세기가 되면 흔히 말하듯 '해가 지지 않는 제국', 곧 세계 최강대국으로 성장합니다. 토머스 모어가 활동한 때는 영국이 그와 같은 위대한 발전의 첫걸음을 떼던 시기였습니다. 이때 국왕의 권력은 강화되고 종교적 혁신이 일어나고 경제적으로 번영하기 시작했습니다.

### 죽음으로 내몰리는 사람들과 『유토피아』

이 발전의 시기에 누구나 다 행복했을까요? 결코 그렇지 않습니다. 서민들은 쇠락기에도 고통스럽지만 성장의 시기에도 고통스러울 수 있습니다. 사회와 경제 발전의 성과를 모두 평등하게 누린다면 얼마나 좋겠습니까만, 국민 모두 골고루 잘살면서 발전하는 사례는 거의 없습니다. 발전하는 만큼 영국은 극심한 성장통을 겪었습니다. 무엇보다도 가난한 농민들이 큰 희생을 치러야 했습니다. 이때 가장 큰 사회 문제로 등장한 것이 유명한 인클로저입니다.

이 인클로저 문제를 지적한 대목이 『유토피아』에서 가장 널

〈헨리 8세의 승선〉

16세기

그림은 헨리 8세의 위풍당당한 함대들을 보여 준다. 힘차게 넘실대는 파도,
크고 화려한 함대, 분주한 사람들, 밝은 분위기는 궁정의 힘을 과시하며
밝은 미래를 내다보는 듯하다. 토머스 모어가 살던 16세기 초 영국은
크게 발전하기 시작했다.

리 알려져 있죠. 많이 인용되기 때문에 이 책을 읽지 않은 사람들도 잘 알고 있을 것입니다. 양이 사람을 잡아먹는다고 한 부분인데, 조금 길지만 워낙 중요한 내용이니 한번 직접 읽어 보도록 하겠습니다.

"양들은 언제나 온순하고 아주 적게 먹는 동물이었습니다. 그런데 이제는 양들이 너무나도 욕심 많고 난폭해져서 사람들까지 잡아먹는다고 들었습니다. 양들은 논과 집, 마을까지 황폐화시켜 버립니다.

아주 부드럽고 비싼 양모를 얻을 수 있는 곳이라면 어디에서든지, 대귀족과 하급 귀족, 심지어는 성무(교회의 성스러운 의무)를 맡아야 하는 성직자들까지 옛날에 조상들이 받던 지대(토지 사용의 대가로 토지 소유자에게 지급하는 돈이나 물건)에 만족하지 않게 되었습니다. 그들은 이 사회에 아무런 좋은 일을 하지 않고 나태와 사치 속에서 사는 것만으로도 부족하다는 듯이 이제는 더 적극적인 악행을 저지릅니다. 모든 땅을 자유롭게 경작하도록 내버려 두지 않고 목축을 위해 울타리를 쳐서 막습니다. 이들은 집과 마을을 파괴해 버리고 다만 양 우리로 쓰기 위해 교회만 남겨 놓습니다. 이미 많은 땅을 방목지와 사냥용 짐승 보호지로 만들어 버린 것도 모자라서 이 높은 분들은 주거지와 경작지마저 황폐하게 만드는 중입니다. 이렇게 만족을 모르고 탐욕을 부리는 한 사람이 수천 에이커를 울타리로 둘러막고 있습니다. 이런 사람은 정말로 이 나라에 역병 같은 존재입니다.

소작농들은 쫓겨나든지 속임수, 강짜 내지는 끊임없는 괴롭힘을 견디다 못해 자기 땅을 팔 수밖에 없습니다. 남녀노소, 남편과 아내, 고아와 과부, 어린아이 딸린 부모 등 가난한 사람들 모두 이사를 가게 됩니다. 원래 농사일은 많은 일손이 필요한지라 이 사람들은 대개 가난하면서도 식구 수가 많습니다. 자기 사는 곳만 알고 지내던 이들은 막상 고향 땅을 떠난다 해도 달리 갈 곳이 없습니다. 이 사람들은 원매자(물건을 사려는 사람)를 느긋하게 기다릴 여유가 없기 때문에 세간을 헐값에 넘기므로 몇 푼 못 받습니다. 여기저기 떠돌이 생활을 하다가 그 얼마 안 되는 돈마저 다 날리면 결국 도둑질 끝에 당신 말대로 교수대에 매달리든지 아니면 유랑하며 구걸하는 수밖에 없습니다. 하지만 유랑민이 되면 결국 게으르다는 죄로 감옥에 갇히게 됩니다.

일할 수 있다면야 기꺼이 하겠지만 누구도 이 사람들에게 일자리를 주려 하지 않습니다. 이 사람들은 농사일은 잘할 수 있지만 경작할 땅이 남아 있지 않으니 농사일 자체가 사라진 것입니다. 경작과 수확을 위해 많은 일꾼들이 필요했던 그 땅에 가축을 풀어 놓은 뒤에는 한 명의 양치기면 충분하게 되었습니다."(27~28)

자, 인클로저 현상이 어떤 것인지 아시겠습니까?

다시 정리하면 이렇습니다. 원래 시골에서 많은 사람들이 농사를 지으며 잘 살아가고 있었습니다. 풍족하지는 않아도 품위 있게 살아가는 건실한 농민들이었지요. 그런데 경제가 발전하면서 직물업이 성장하고 그에 따라 양모 수요가 늘자 양모 가격이 급등했습니다. 지주 귀족들로서는 농사짓는 것보다는 양을 쳐서 양모를 파는 편이 훨씬 이득이었습니다. 그래서 대대손손 그 땅을 빌려 농사짓던 사람들을 냉혹하게 내쫓아 버린 거지요. 예전에 수많은 사람이 살아가던 그 터전은 이제 울타리를 친 목장이 되어서, 그 드넓은 땅에 사람은 보이지 않고 오직 양들만 노닐게 되었습니다. 이렇게 농민들을 내쫓고 땅에 울타리를 쳐서 막는 것을 인클로저(enclosure, 울타리 치기)라고 합니다.

양 때문에 땅에서 쫓겨난 농민들은 고향에서 살지 못하고 도시로 가게 됩니다. 그곳에서 비참한 빈민 생활을 하다가 결국 생계 때문에 범죄자가 될 수밖에 없겠지요. 도둑이 너무 늘어나 어쩌지 못하는 상황에 이르자 당국에서는 도둑들을 잡아다가 처벌하는 수밖에 없습니다. 때로 사람들에게 겁을 줌으로써 범죄를 예방하려고 한 번에 여러 명을 교수형에 처했습니다. 그때는 요즘과 달리 시내에서 사형을 집행하여 그것이 구경거리가 되기도 했습니다. 유럽의 일부 도시에는 갈겐베르크(Galgenberg)라든지 갤로스 힐(Gallows Hill) 같은 지명이 남아 있는데, 그런 곳은 예전에 교수대(gallows)가 있던 곳을 뜻합니다.

The Manner of Execution at Tyburn.

### 사형 집행 방법

사형 집행은 사람들을 많이 불러 모은 뒤에 이루어졌으며,
이후에도 사람들이 계속 시체를 볼 수 있도록 높이 매달아 두었다.
그림은 시체를 매달고 돌아다니며 사람들에게 알리는 모습이다.
토머스 모어는 국가가 발전하는데도 사람들이 죽어 나가는 상황을
외면하지 않았다.

아무튼 비유하자면, 서울역 앞 광장에 교수대를 설치하고 범죄자들을 사형한 다음 그 시체들을 며칠 동안 그대로 두고 사람들이 구경하게 한 거지요. 『유토피아』에 나오는 이야기에 따르면 어느 날엔가는 20구의 사체가 매달려 있었다고 합니다. 한번 생각해 보세요. 시내 한복판에 교수대가 설치되어 있고, 여기에서 20명이 처형당한 뒤 그 시체들이 매달려 있습니다. 지옥의 풍경이 펼쳐진 거지요.

다시 생각해 보면 교수대에 매달린 사람들이 본래부터 나쁜 인간은 결코 아닙니다. 그들은 자기 고향에서 순박하게 살던 사람들입니다. 다만 경제적인 이유에서 지주 귀족들이 그들을 내쫓았기 때문에 그처럼 비참한 상태로 내몰려 죽게 된 것입니다. 다시 말해 사회가 그들을 그런 비극적인 상태로 몰아넣은 것입니다. 소수는 부자가 됐지만, 그 때문에 다수가 처참한 죽음으로 몰리는 이 상황이 과연 정당한가요? 의식 있는 사람이라면 당연히 이 문제에 대해 깊이 성찰하고 대안을 찾으려 노력하지 않을 수가 없습니다. 당대 최고 지식인이자 정치가인 토머스 모어가 이 문제에 대한 자신의 의견을 예리한 시각으로 펼친 것이 바로 『유토피아』입니다.

# 에라스뮈스와 토머스 모어의
## 토론 놀이

# 2

토머스 모어 시대에 유럽의 지식인들은 서로 활발하게 교류했습니다. 편지를 주고받고, 때로는 직접 찾아가 함께 지내며 대화를 나누곤 했습니다. 이런 경향을 대표하는 그 시대 최고의 지식인은 에라스뮈스(1466~1536)였습니다. 그는 유럽 각지를 돌아다니며 학자·종교인들을 만나 학문적인 토론을 하고, 또한 수많은 정치인들을 만나 조언을 주곤 했습니다. 그는 역사상 유례를 찾기 힘든, 국가의 경계를 넘어서는 지식인의 전형입니다.

여기서 잠깐 에라스뮈스에 대해 살펴보고 넘어가겠습니다.

에라스뮈스는 네덜란드에서 신부인 아버지와 어느 의사의 딸 사이에 태어났습니다. 앞에서 본 홍길동처럼 정식으로 결혼한 부부 사이에서 태어나지 않은 사생아였지만, 교육은 확실히 잘 받은 것 같습니다. 성당 부속 학교에서 시작해 더 상급의 학교에서 열심히 공부하다가 공동생활 형제단이라는 수도원에 들어갔고, 가톨릭 신부로 임명받았지요. 어릴 때부터 라틴어를 잘

한 그는 곧 고대 그리스어, 더 나아가서 성경 언어인 히브리어와 아람어 등을 배웠습니다. 그 후 캉브레라는 곳에서 주교의 비서가 되었는데, 그의 영민함을 알아본 주교가 그를 파리로 보내 공부하도록 주선해 주었습니다. 파리에서 르페브르 데타플(1450?~1537) 같은 학자들과 친하게 지냈으며, 나중에는 유럽 전역의 학자들과 교유했습니다.

### 국가의 경계를 넘어서는 지식인, 에라스뮈스

어느 학자가 에라스뮈스의 삶의 궤적을 그린 도표를 본 적이 있는데, 이에 따르면 그의 삶은 그야말로 끊임없는 여행의 연속이었습니다. 물론 놀러 다니는 여행이 아니고, 학자들과 대화하거나 각 나라의 군주 또는 고위 정치인들을 만나 조언해 주러 다닌 여행이었지요.

그가 교류한 인물 가운데 한 명이 바로 토머스 모어였습니다. 에라스뮈스는 모어보다 12살이나 나이가 많았지만, 그럼에도 두 사람은 친하게 지내며 편지를 교환하고 때로 직접 만나서 의견을 나누었습니다. 그 두 사람의 우정 어린 지적 교류의 산물이 우리가 지금 공부하는 『유토피아』입니다.

그렇게 돌아다니면서 언제 그 많은 책을 썼을까 궁금해질 정도로 에라스뮈스는 많은 저술을 남겼습니다. 문헌학이라 하여 옛 고전 저술들을 정확하게 복원해서 출판하는 연구도 많이 했고, 종교 문제를 깊이 연구하여 그 시대 사람들의 종교 행태를 비판하기도 했지요. 사람들이 스스로 종교인이라고 말은 하지만 영혼 없는 의례에만 매달려 있을 뿐, 진정 진지하고 성실한 믿음은 없다는 따끔한 비판이었습니다. 또한 그는 군주와 국민의 관계, 권력을 쥔 사람과 통치받는 사람들의 의무 등에 대한 탐구를 바탕으로 군주들에게 올바른 정치를 하라는 가르침도 주었습니다.

무엇보다도 평생 교육자라는 의식을 버리지 않은 에라스뮈스는 바른 라틴어를 가르치기 위한 책(조선 시대로 치면 한문을 제대로 익히는 교과서 같은 책이겠지요)과 고전을 통해 도덕을 가르치는 책도 썼습니다. 예를 들면 옛사람들의 지혜가 담긴 말들을 모으고 설명을 붙여 출판한 『아다지아』라는 책이 있는데, 우리가 알고 있는 서구의 수많은 격언이 여기에 나와 있습니다 ("하늘은 스스로 돕는 자를 돕는다.", "제비 한 마리가 왔다고 여름이 아니다." 같은 격언들이지요).

오늘날 동아시아에도 에라스뮈스 같은 지식인이 있으면 어떨까요? 한국, 중국, 일본 또는 그 밖의 여러 나라 지식인들이 그의 말에 귀 기울이고 국경을 넘어 서로 의견을 교환하게 만드는 그런 인물 말입니다. 각 나라의 학자들은 대개 자기 나라의 이해에 얽매이기 마련이고, 그러다 보면 좁은 시각, 왜곡과 편견에서 벗어나기 힘듭니다. 그런 속 좁은 지식인이 아니라 우리 모두에게 큰 울림을 주는, 정말로 존경스러운 지식인이 있으면 참 좋을 것 같습니다. 참고로, 여러 나라의 지식인들을 만나고 소통한 에라스뮈스의 열린 정신을 본받자는 취지에서 요즘 유럽 여러 나

〈에라스뮈스〉

한스 홀바인, 1523

네덜란드의 기독교 신학자이자 인문학자로, 교회의 타락을 비판하여
종교 개혁에 영향을 주었다. 에라스뮈스는 유럽의 여러 지식인들과
널리 교유했으며, 영국을 방문했을 때는 토머스 모어의 집에서
『우신 예찬』을 집필하기도 했다.

라 대학들의 학생 교류 프로그램 이름을 '에라스뮈스 프로그램'
이라고 했습니다.

**두 지식인의 유희로 탄생한 『우신 예찬』과 『유토피아』**

에라스뮈스의 저작 중에서 가장 널리 알려진 것은 『우신 예찬』
입니다. 이 『우신 예찬』은 토머스 모어의 『유토피아』와 직접 관
련이 있는 작품이기도 합니다. 『우신 예찬』은 이 세상을 어지럽
히는 우신, 즉 어리석음의 여신 또는 광기의 여신을 역설적인 의
미로 찬미한다는 내용입니다. 사람들의 마음을 흩뜨려 놓는 어
지러운 마음, 신학자들의 쓸데없는 논쟁, 교황을 비롯한 성직자
들의 위선 따위가 모두 우신 덕분에 비롯되었다며 이 여신을 찬
미하는 형식으로 그런 잘못을 비꼬는 거지요.

    이 우신의 이름이 라틴어로 모리아(Moria)입니다. 모어(More)
를 라틴어식으로 적으면 모루스(Morus)이므로, 모리아는 모어의
이름을 빗대어 만든 것입니다. '어리석음과 광기의 여신이 다스
리는 땅이 바로 토머스 모어 당신이 살고 있는 땅이라오.' 이런
뜻이니, 두 지식인의 지적 유희를 짐작할 만하지요. 사실 『우신
예찬』은 에라스뮈스가 런던으로 모어를 방문했을 때 모어가 권
유해서 쓴 것입니다.

    『우신 예찬』을 펴낸 뒤 이번에는 에라스뮈스가 모어에게 이
것과 상응하는 책을 써 보라고 권유합니다. 자신은 광기의 여신
을 칭송하는 책을 썼으니, 당신은 현명함 또는 지혜의 여신을 찬

미하는 책을 써 보라는 거지요. 두 사람은 모어가 쓸 책을 놓고 대화를 이어 갔습니다. 이때 그들은 이렇게 묻습니다. "이 세상에 현명함이 어디 있단 말인가?" 이어 라틴어로 이렇게 답합니다. "누스쿠암(*Nusquam*, 영어로 nowhere)." 아무리 찾아봐도 이 세상에서 현명함 또는 지혜는 찾을 수 없다는 뜻입니다.

그런데 여기에서 그들의 말장난이 더 진척됩니다. '지혜는 아무 데에도 없다.'가 '아무 데에도 없는 곳(nowhere)에 지혜가 있다.'가 된 것이지요. 말하자면 지혜는 실제로는 없는 곳에서만 찾을 수 있다는 역설적인 표현을 얻게 됩니다.

결국 지혜로움이 지배하는 곳은 이 세상에 존재하지 않는 허구의 세계가 됩니다. '아무 데에도 없는 곳', 상상의 그 나라를 지칭하기 위해 그들은 나라 또는 땅을 가리키는 라틴어 접미사(*a*)를 붙여 '누스쿠아마'(*Nusquama*)라고 불렀습니다. 에라스뮈스가 모어에게 편지를 보낼 때, "우리의 누스쿠아마는 잘 쓰고 계신가요?" 하고 묻는 식이었지요.

모어는 그 책에 들어갈 내용을 잘 정리해 두었다가 꽤 오랜 시간 공을 들여 이 이야기를 썼습니다. 그리고 이 나라 이름을 라틴어 대신 고대 그리스어로 '유토피아'라고 붙였습니다. 라틴어에서 그리스어로 바뀌었지만, 그 뜻은 똑같이 '세상에 없는 곳'입니다. 이 원고가 『유토피아』의 2부가 됩니다. 이 내용에다가 모어는 1515년 안트베르펜에 체류할 때 만난 외국 선장과 대화하는 형식을 덧씌웁니다. 말하자면 2부를 먼저 쓰고 나중에 1

부를 써서 앞에 붙인 것입니다.

이렇게 해서 그가 이름을 붙이지는 않았지만 1부는 불행이 가득한 현실이고 2부는 이상적인 나라로 짝을 갖추게 되었지요. 이제 2부 이상의 세계는 1부 비참한 현실의 세계에서 벗어나 그곳으로 발전해 가야 하는 곳이라는 의미가 강해졌습니다. 그래서 모어는 이 세계에다가 더 적극적인 의미에서 이 세상에 없지만 좋은 나라, 곧 '에우토피아'(Eutopia)라는 이름을 붙였습니다. 이처럼 『유토피아』는 오랜 기간에 걸쳐 숙성된 결과물로, 1516년 루뱅에서 처음 출판되었습니다.

앞으로 이 작품을 알기 쉽게 풀이하면서 다시 이야기하겠지만, 이 작품이 때로는 이해하기 어렵고 섬세하며 때로는 비비 꼬여 있다는 느낌을 받는 데에는 이런 집필 배경에 이유가 있습니다. 워낙 고전에 박학한 두 지식인이 고전의 내용을 놓고 농담을 주고받으며 역설적인 텍스트를 썼기 때문입니다. 어떤 경우에는 그 내용이 진담인지, 아니면 농담이어서 그 반대를 의미하는지 애매할 때도 있습니다. 아주 진지한 문제의식과 어지럽게 꼬여 있는 방식 때문에 이 『유토피아』라는 책을 정확하게 읽어 내기란 쉽지 않지만, 한번 도전해 봅시다.

농담과 역설의 유토피아

# 여행의 시작 3

고전을 쉽게 생각하고 덤벼들어도 좋지 않고, 지레 겁먹고 어렵게만 생각해도 좋지 않습니다. 가장 좋은 것은 자기 생각이 열리고 눈이 밝아져서 어느 누구도 보지 못한 내용을 창의적으로 읽어 내는 것입니다.

그렇지만 그러기가 쉽지 않고, 그렇게 하려다 보면 내용을 이상하게 해석하는 잘못을 저지를 수도 있지요. 독학이라는 것이 때로는 독창적인 성과를 내기도 하지만 대개는 위험합니다. 그래서 먼저 고전 읽는 훈련을 하면서 점차 자신의 시각을 키우는 것이 좋습니다. 그런 면에서 우리가 지금 『유토피아』를 함께 읽는 것이 큰 의미가 있겠습니다.

### '이곳'을 떠나 '아주 먼 어떤 곳'을 상상해 보기

이제 작품 속으로 들어가 봅시다. 『유토피아』 1부는 이렇게 시작합니다.

빛나는 위업을 이루신 잉글랜드의 무적왕 헨리 8세는 최근 카스티야의 황태자 카를로스와 상당히 중요한 문제에서 의견 차이를 보여, 이 문제를 논의하고 해결하기 위해 나를 플랑드르로 파견하셨다. 나의 동행인은 비할 데 없이 탁월한 인물인 커스버트 턴스털이었는데, 최근에 그는 모든 사람이 기대한 대로 국왕에 의해 기록 담당 장관으로 임명되었다.(12)

국왕이 외교 문제를 해결하기 위해 저자인 자신을 플랑드르 지방에 파견했다는 사실을 이야기하고 있습니다. 이 내용은 실제 사실과 정확히 일치합니다. 언급한 사람들은 모두 실존 인물들이며, 또 동행인 턴스털(1474~1559)이 플랑드르로 파견된 것도 실제로 있었던 일입니다.

앞으로 엄청난 허구의 세계를 펼칠 텐데, 첫 시작은 현실에서 출발하네요. 그 허구의 세계가 완전히 허무맹랑한 이야기가 아니라 현실과 관련 있는 이야기임을 비치는 것입니다. 다시 말하면 현실을 돌아보기 위한 허구라는 점을 말하고자 이야기가 현실에서 출발하고 있습니다. 앞으로 보게 되는 허구의 이야기는 현실을 비추어 보는 거울 같은 역할을 합니다. 실제와 허구를 적당히 섞어 놓음으로써 허구의 사실성을 높이는 효과도 얻습니다.

이어서 저자는 주인공 히슬로다에우스가 명성 높은 탐험가 아메리고 베스푸치(1454~1512)와 함께 탐험을 한 것으로 이야기하기도 하고, 그가 모턴 경과 만나 대화한 것처럼 이야기를 꾸미기도 합니다. 『유토피아』가 나오기 얼마 전에 콜럼버스(1451 ~1506)가 아메리카 대륙까지 처음 항해했고, 그 뒤를 이어 아메리고 베스푸치가 아메리카의 여러 지역을 탐험하고 나서 여행기를 출판했습니다. 그 여행기는 아주 큰 인기를 누려 많은 사람들의 주목을 받았습니다. 이런 상황에서 모어는 자기 책의 주인공이 베스푸치의 탐험에 참가했다가 그 팀에서 나와 더 멀리 여행을 떠났다고 설정합니다. 말하자면 거짓말이로되 있음 직한 이야기를 꾸민 것이지요.

이야기가 여행으로 시작된다는 점도 주목할 필요가 있습니다. 『유토피아』는 먼 나라를 보고 온 여행 이야기 형식을 띱니다. 본격적인 이야기를 하기 전에, 이야기를 펼치는 틀 자체를 여행이라는 개념으로 잡아 놓으면 분위기가 조금 더 살지 않겠습니까. 그래서 먼저 저자가 자기 나라를 떠나 다른 나라로 가고, 그곳에서 더 먼 나라를 보고 온 여행자를 만나 그에게서 어떤 먼 곳에 있는 희한한 나라 이야기를 듣는다는 형식으로 전개됩니다. '이곳'을 떠나 '아주 먼 어떤 곳'을 상상해 보는 겁니다. 미리 짐작해 보자면, 나중에 다시 고향으로 돌아와 자기 나라 문제를 성찰하는 것으로 마무리되겠지요.

**중요한 의미가 있는 허튼소리를 퍼뜨리는 사람**

국왕의 명령으로 플랑드르에 간 모어는 친구를 통해 라파엘 히슬로다에우스를 소개받습니다. 드디어 주인공이 등장했습니다. 모어가 그와 대화를 나누면서 작품은 사실에서 허구로 들어갑니다. 허구의 세계를 이야기해 주는 화자답게 그의 이름도 독특합니다. 히슬로다에우스(Hythlodaeus)는 그리스어 후트로스(huthlos, 난센스)와 다이엔(daien, 나누어 주다)의 합성으로 보이는데, 그렇다면 '허튼소리를 퍼뜨리는 사람'이라는 뜻입니다.

이 작품에 나오는 가상의 사람 이름과 지역 이름은 모두 작품 내용과 맞아떨어지게 잘 지어져 있습니다. 예컨대 유토피아의 수도인 아마우로툼은 그리스어 아마우로나(amaurona, 일식)에서 나왔습니다. 해가 없어서 보이지 않는 도시라는 뜻이 되니, 현실에는 없는 도시라는 말이겠지요. '없다'는 뜻의 접두어 'a'를 넣어서 단어를 만들기도 합니다. 아코리아(Achoria)는 '없는 장소의 나라', 아니드루스 강(Anydrus)은 '물이 없는 강', 알라오폴리트(Alaopolitae)는 '땅이 없는 나라'입니다. 모두 공상 속의 지명을 나타내지요.

아무튼 허풍선이라는 뜻의 인물인 히슬로다에우스를 만나 허튼소리이긴 하되 아주 중요한 의미가 담긴 말을 듣는 거지요. 히슬로다에우스는 포르투갈 출신 선원인데, "세상을 두루 보고 싶었기 때문에 고향인 포르투갈에서 자기가 받기로 되어 있던 재산을 형제들에게 모두 넘겨주고 아메리고 베스푸치 아래 들어가서"(15) 여행을 했다고 소개됩니다. 세상을 더 널리 알기 위해 자기 재산을 모두 포기한 여행자, 지혜와 지식을 구하기 위해 자기 소유를 버린 여행자라는 점 또한 의미심장합니다. 미리 이야기하자면, 히슬로다에우스는 이상 사회를 구현하기 위한 가장 중요한 전제 조건으로 모든 사람이 자기 소유를 포기해야만 한다는 주장을 펼칩니다. 이것은 아주 중요한 주장이기 때문에 앞으로 자세히 논의하겠지만, 일단 주인공 스스로 중요한 목표를 위해 자기가 가진 것을 모두 포기한 인물로 그려졌다는 점을 염두에 두도록 합시다.

이제 작품 속 모어와 라파엘 히슬로다에우스 두 사람이 본격적으로 대화를 나눕니다. 1부는 이렇게 두 사람의 대화로 이야기를 이끌어 갑니다.

그런데 여러분, 혹시 무협 소설이나 무협 만화를 본 적이 있나요? 무공이 높은 고수끼리 만났을 때 어떤 일이 벌어지지요? 한두 번 툭탁거려 보면 벌써 양쪽 모두 상대방이 보통내기가 아니라는 사실을 알아차립니다. '어, 이 사람 고수네.' 하고요. 모어와 히슬로다에우스도 마찬가집니다. 길거리에 서서 잠깐 얘기해 봤는데, 요즘 우리가 하는 말로 '포스'(영어 force에서 온 말로, 능력·내공·기운 등의 뜻으로 사용된다)가 느껴진 거지요.

모어는 히슬로다에우스의 식견이 대단하다는 것을 금방 알아챕니다. 그래서 이렇게 이야기합니다. 당신 같은 사람이 왜 이러고 있는 거냐, 실력을 발휘해라, 당장 국왕에게 가서 당신을 소개하고 당신의 그 높은 식견을 이용해 세상 사람들이 잘살게 해야 하지 않겠느냐, 이상적인 사회를 보고 왔다면 그것을 현실

bythlodaeus.

### 유토피아에 대해 설명하는 히슬로다에우스

히슬로다에우스는 포르투갈 출신 선원으로, 지혜와 지식을 구하기 위해
자신의 소유를 모두 버리고 여행을 떠나 유토피아를 보고 왔다고 한다.
그림 맨 왼쪽에 히슬로다에우스가 유토피아에 대해 열심히 설명하고 있고,
바로 앞에는 토머스 모어가 주의 깊게 듣고 있다.

세계에 실제로 적용해야 마땅한 것 아니냐, 하고요. 모어의 충고
는 이렇습니다.

> "라파엘 씨, 당신이 왜 국왕에게 가서 봉사하지 않는지 모르겠
> 습니다. 당신을 환영하지 않을 왕은 하나도 없을 겁니다. 여러
> 국가와 민족들에 대한 당신의 경험과 지식이 국왕을 즐겁게
> 할 것이고, 더 나아가서 많은 박식한 사례들과 충고를 들려준
> 다면 아주 유익할 것입니다."(18~19)

그렇지만 정작 히슬로다에우스는 국왕에게 매여 사는 노예
생활을 하기 싫다는 투로 답합니다. 국왕에게 '봉사'하는 것은
곧 '굴종'의 삶을 사는 것과 다름없다면서요.* 자기가 국왕에게
가서 옳은 말을 해 봐야 전혀 먹혀들지 않을 테니, 차라리 지금
처럼 자유롭고 편하게 사는 편이 훨씬 낫다는 뜻이지요. 왜 그런
말을 하는 걸까요?

### 죄인을 만들어서 처형하는 현실

히슬로다에우스의 말에 따르면 자신은 평화를 주장하려 하는데,
국왕은 평화보다는 전쟁술에 더 관심이 많고, 이미 가지고 있는
영토를 잘 다스리기보다 모든 수단을 동원해 새로운 영토를 얻

---

* 봉사는 라틴어로 *inservias*이고 굴종은 *servias*다. 히슬로다에우스는 그 둘이 "한
음절 차이에 불과하다."면서, 자기가 봉사하러 가면 곧 굴종하게 될 것이라고 말한다.

는 데 혈안이 되어 있다는 것입니다. 보좌관들도 국왕에게 아부해서 호의를 얻으려 할 뿐, 자기 말을 귓등으로도 안 들으려 한다고 합니다. 그 예로 드는 것이 그가 영국에 있을 때 모턴 경의 집에서 여러 사람들과 논쟁했던 일입니다(모어가 스승으로 모셨던 실존 인물인 모턴 경을 끌어들임으로써 이야기의 사실성을 높이려는 장치입니다). 이 논쟁에서 앞서 인용한 '양이 사람을 잡아먹는' 영국의 사회 상황을 다룬 부분이 나옵니다.

히슬로다에우스는 범죄자들을 잡아서 사형하는 것이 능사가 아니며, 근본적인 원인은 딴 데에 있다는 주장을 폅니다.

사실 그렇습니다. 사람들이 대거 자기 고향에서 쫓겨나 도시 빈민으로 내몰린 이유는, 양모 가격이 올라서 양을 치는 게 이익이 되자 지주 귀족들이 농민들을 내쫓고 농지를 목장으로 바꾸었기 때문입니다. 그렇게 내쫓긴 농민들이 도시로 몰려가 빈민이 되고, 먹고살기 힘드니 범죄를 저지르지 않을 수 없게 되어, 끝내 죽음으로 내몰리게 된 것입니다. 히슬로다에우스는 이를 두고 '죄인을 만들어서 처형하는 격'이라고 강하게 비판합니다.

말하자면 귀족들의 욕심이 무고한 사람들을 죽음으로 내몬 셈입니다. 상황이 이런데 국왕은 전쟁에 몰두하느라 세금을 과도하게 걷어 국민들은 더더욱 곤궁해집니다. 게다가 군사력이 필요하다는 이유로 귀족들을 감싸고 돕니다. 전쟁이 나면 귀족과 그들이 키우는 병사들이 전투를 책임지기 때문이지요. 그러나 귀족들이 키우는 이 사병 집단이 또한 사회 문제를 악화시키는 요인이기도 합니다. 칼 휘두르는 깡패 같은 인간들이 평소에 농민들을 괴롭힐 뿐 아니라, 이들이 늙어 직업을 잃으면 동네 건달로 추락하곤 합니다. 성질 사납고 걸핏하면 칼부림을 일삼는 사람들이 동네에 잔뜩 있다고 생각해 봅시다. 정말 달갑지 않겠지요.

이처럼 국왕은 호전적이고, 귀족은 오만과 사치에 물들어 있습니다. 따라서 그 부담이 고스란히 가난한 농민들에게 전가되고, 그 결과 많은 사람들이 비참하게 목숨을 잃는다는 히슬로다에우스의 지적은 매우 설득력이 있습니다.

문제는 심각한데, 국가가 당장 할 수 있는 일은 범죄를 저지른 자들을 잡아서 처형하는 것밖에 없습니다. 히슬로다에우스의 논쟁 상대는 도둑질한 자들은 당연히 엄벌에 처하는 게 맞다는 논리로 이야기합니다. 법이 그렇게 되어 있으니 법대로 해야 한다는 거지요. 그러나 히슬로다에우스가 생각하기에 이것은 법이라는 이름으로 사람을 억압하는 것에 불과합니다. 한 치 양보 없이 주장을 펼치는 이들의 대화가 어쩌나 격정적인지, 논쟁에 몰입한 당사자들의 흥분이 오롯이 느껴질 정도입니다.

## 극단적 정의는 극단적 불의

우리는 모어가 본래 법률가 출신이라는 점을 놓쳐서는 안 됩니다. 법으로 문제를 풀어야 하는 게 현실이지만, 법의 힘을 빌려 강제로 밀어붙인다고 해서 문제가 풀리지 않는다는 것을 누구보다도 잘 알고 있던 터입니다. 다른 사람의 물건을 훔치는 것은 물론 나쁜 일이지만, 그렇다고 그 죄의 대가로 사형에 처한다는 것은 분명 지나친 일이지요. 히슬로다에우스는 다른 사람의 돈을 빼앗았다고 목숨을 빼앗는 것은 그네들 주장대로라면 정의일지 몰라도, 이런 극단적 정의는 극단적인 불의라고 주장합니다. 이 말을 잘 기억해 둡시다. '극단적 정의는 극단적인 불의'입니다.

가혹한 법률과 폭력적 강제가 정의라고 할 수는 없습니다. 사실 재산보다 목숨이 훨씬 중요하지 않습니까? 남의 재산을 빼앗았다고 목숨을 빼앗을 수야 없지요. 이런 주장을 펴면서 히슬로다에우스는 하느님은 살인을 금했다는 점을 밝힙니다.

"하느님께서는 다른 사람을 살해하는 것만이 아니라 자기 자신의 목숨을 스스로 앗아 가는 것까지 금하셨습니다. 만일 인간이 상호 동의를 통해 어떤 특정한 경우에는 살인을 허락하자고 결정한다면 이는 하느님의 법을 자유롭게 피할 수 있는 권리를 인정하는 셈입니다. 그렇다면 이는 하느님의 법보다 인간의 법을 우선시하는 것이 아닙니까?"(32)

재산을 지키기 위해 사형을 남발한다면 그것은 인간의 법이 신의 법보다 앞선다는 것을 뜻합니다. 이처럼 신의 법과 인간의 법 사이의 갈등과 모순은 아주 고전적인 주제입니다.* 현실의 권력은 대개 국가의 법으로 강제하려고 하지요. 그런데 그보다 더 상위의 고귀한 가치 또는 종교적 진리 같은 것을 주장하는 사람들은 국가의 법 위에 신의 법이 있다며 비판합니다.

우리는 이 작품이 나온 시대 상황이 얼마나 흉흉한지 짐작할 수 있습니다. 히슬로다에우스의 입을 빌려 저자가 서술하는 영국 사회를 무엇이라고 표현하면 좋을까요? 다름 아닌 디스토피아입니다. 2부에서 이상 국가 유토피아를 설명할 테지만, 그 전에 그와 반대되는 사악하고 불행한 현실의 나라를 거론하는 중입니다. 『유토피아』는 현실의 디스토피아와 상상의 유토피아가 서로를 대조적으로 설명하는 구조를 이루고 있습니다.

디스토피아가 어떤 곳인지는 여러 측면에서 설명할 수 있겠지만, 모어가 생각하기에는 신의 법보다 국가의 법이 앞서는 나라, 고귀한 가치를 강제로 짓밟는 곳이라고 할 수 있겠지요.

---

* 고대 그리스의 비극 『안티고네』 같은 작품이 대표적인 예다. 주경철, 『문화로 읽는 세계사』, 사계절, 2005, 참조.

# 부분적 유토피아의 모순 4

## 이상에 맞춰 현실을 개선하는 것이 가능한가?

지금까지 한 이야기를 정리하면 이렇습니다. 모어는 히슬로다에우스가 세상에서 가장 훌륭한 나라를 보고 왔기 때문에 어떻게 하면 행복한 사회를 만들 수 있는지 알 수 있으리라 생각하고 그것들을 세상에 펼치라고 합니다. 그러나 히슬로다에우스는 불가능하다고 말하네요. 자기가 아무리 애써도 국왕이든 궁정의 신하들이든 아무도 자기 방안을 받아들이지 않을 게 뻔하므로, 자신은 현실 정치에 나서지 않겠다는 것입니다.

이 논쟁, 즉 정부의 관료가 되어 봉사할 것이냐 말 것이냐가 1부 전체의 틀입니다. 그것은 이상과 현실 사이의 관계, 곧 '이상에 맞춰 현실을 개선하는 것이 가능한가?' 하는 문제라고 할 수 있습니다. 히슬로다에우스는 설사 이상적인 방안이 있다 해도 그에 따라 현실을 개선해 가기가 불가능에 가깝다고 주장하는 셈이지요.

그런데 히슬로다에우스는 자기 주장을 펼치는 도중에 가상의 세 나라를 소개합니다. 그 각각의 나라는 모두 현실에서 제기되는 어떤 구체적인 문제를 해결한 사례입니다. 따라서 이렇게 정리할 수 있겠습니다. 『유토피아』 2부에서 자세하게 설명하는 유토피아는 그야말로 모든 문제들이 다 해결된 총체적인 이상향이고, 1부에서 소개하는 세 나라는 어떤 구체적인 작은 문제들이 해결된 부분적인 이상향이라고 말입니다. 어떤 연구자는 이를 두고 2부의 나라를 '거시적 유토피아', 1부의 세 나라를 '미시적 유토피아'라고 일컬었습니다.[*] '미시적 유토피아', 다시 말해 '부분적 유토피아'를 간단히 정리하면 이렇습니다.

① 폴릴레리트 : 도둑을 사형하지 않고 자비롭게 대한 나라
② 아코리아 : 군주의 군사적 정복욕을 해결한 나라
③ 마카리아 : 군주의 재정적 탐욕을 통제하는 데 성공한 나라

**어쩔 수 없이 도둑이 된 자는 공공사업으로**
이 나라들을 어떻게 설명하는지 한번 자세히 살펴볼까요. 먼저 절도범 문제에 대한 해결책을 제시한 폴릴레리트 사례입니다. 앞에서 설명한 대로 그 무렵 영국에서는 절도범을 무지막지하게 사형에 처하고 있었습니다. 이건 암만해도 지나치다고 하겠지요.

[*] A. Prévost, *Thomas More et la crise de la pensée européenne*, Paris, 1969.

그렇다고 도둑을 놔둘 수는 없는 일. 이 문제를 과연 어떻게 처리하면 좋을까요? 폴릴레리트에서는 절도범을 처형하지 않고 공공사업에 투입합니다. 어디 직접 설명을 봅시다.

"절도 외에 다른 흉악한 범죄를 함께 저지르지 않았다면 감옥에 가두거나 사슬을 채우지 않고, 간수도 없는 가운데 자유롭게 다니며 공공사업 일을 합니다. 그들이 꾀를 부리고 열심히 일하지 않으면 쇠사슬로 묶지는 않고 채찍질만 합니다. 대신 일을 열심히 하면 모욕적인 대우를 받지 않으며, 저녁에 점호를 한 다음 정해진 숙소에 갇히는 점만 빼면 일반인과 다르지 않게 살아갑니다. 따라서 항상 일을 해야 하는 점 외에는 사는 데 불편함이 없습니다. 그들은 국가를 위해 일을 하므로 공공 비용으로 충분한 음식을 제공받는데, 구체적인 방식은 지역마다 조금씩 다릅니다. (……)

어떤 때는 이들이 공공사업에 동원되지 않고, 일반인들에게 품을 팔기도 합니다. 일꾼을 필요로 하는 사람들이 인력 시장에서 돈을 지불하고 이들을 하루 단위로 고용합니다. 금액은 미리 정해져 있는데 자유인보다 약간 쌉니다. 이때 그들이 게으름을 피우면 채찍질을 하는 것은 합법입니다. 하여튼 그들로서는 결코 일거리가 떨어지지 않으며, 그들의 생계 비용을 약간 웃도는 돈을 받으므로 그만큼의 이익을 국고에 가져오는 것입니다."(34~35)

영국과 달리 범죄자를 당장 처형하는 게 아니라 노역을 시킴으로써 스스로 죄를 닦게 한다는 발상입니다.

## 신하들의 지혜와 직언으로 왕의 정복욕 막기

두 번째는 군주의 호전적인 정책에 대한 해결책을 제시하는 것으로, 아코리아라는 가상의 나라를 예로 들고 있습니다.

"아주 오래전에 이 나라의 국왕은 혼인 관계를 통해 이웃 나라의 왕위 계승권이 자신에게 있다는 주장을 하면서 전쟁을 일으켜서 승리를 거두었습니다. 그런데 곧 그 나라의 합병만큼이나 통치가 어렵다는 것을 깨닫게 되었지요. 새로 얻은 나라의 사람들이 언제나 반란을 일으키든지 아니면 다른 침략자들의 공격을 받았기 때문에, 아코리아 사람들은 이 나라 사람들을 위해서건 아니면 이 나라 사람들에 대해서건 전쟁을 해야 했고 그래서 항시 군대를 유지해야 했습니다. 그러는 동안 늘 무거운 세금에 시달렸고 많은 자금이 국외로 빠져나갔으며, 또 인명 피해가 계속되어서 평화의 가능성은 아예 없었지요. 전쟁이 계속되자 이 나라 사람들은 절도와 살인의 충동에 물들게 되었고, 또 국왕은 두 나라를 통치하느라 어느 한편에도 적절한 주의를 기울이지 못하는 바람에 법은 무시되었습니다.

이런 불행의 목록이 한이 없다는 것을 깨달은 보좌관들이 회의 끝에 국왕에게 두 나라 모두를 통치할 수는 없으므로 그

가 좋아하는 나라 하나를 골라서 통치해 달라고 정중하게 제
안을 했습니다. 양국 국민의 수가 너무 커서 반쪽짜리 왕으로
서는 다스리기 힘들다고 이야기하고, 심지어 노새 몰이꾼을 고
용할 때도 만일 그 사람이 동시에 두 마리의 노새를 몰아야 한
다면 그를 쓰지 않을 것이라고 덧붙여 이야기했다는 것입니다.
훌륭한 왕은 결국 원래 자기 나라에만 만족해야 했고 다른 나
라는 지인에게 넘겨주었지만 곧 그 역시 쫓겨났습니다."(44~
45)

국왕은 무리한 욕심을 내서 다른 나라를 차지하려 합니다.
당시 유럽 각국이 실제로 이런 목적에서 전쟁을 벌이고 있었습
니다. 전쟁을 벌인 나라들은 당연히 곤경에 빠집니다. 그런데 이
상상의 나라에서는 신하들이 국왕을 압박하여 다른 나라를 침범
하지 못하게 합니다.

### 과도한 세금을 막아 백성의 삶 안정시키기

마지막으로, 국민에게 과중한 세금을 부과하는 국왕을 비판하고
해결책을 제시하기 위해 마카리아라는 나라를 예로 듭니다. 사
실 국왕과 보좌관들은 늘 돈이 필요하기 때문에 온갖 다양한 방
식으로 조세를 거두려 합니다. 모든 보좌관들은 "군대를 유지하
려는 국왕은 금을 아무리 많이 소유해도 부족하다."는 고대 로마
의 정치가 크라수스(기원전 115?~53)의 유명한 격언에 동의하게

됩니다. 이 문제를 해결한 사례로 드는 것이 마카리아입니다.

"이 나라의 왕은 즉위하는 첫날, 엄숙한 의식을 치르면서 자신의 금고에 한 번에 천 파운드 이상의 금이나 혹은 그에 상당하는 은을 소유하지 않겠다는 서약을 합니다. 그들 말에 따르면 이것은 자신의 부유함보다는 백성들의 번영을 더 원한 과거의 어느 훌륭한 국왕에게서 비롯된 관습이라고 합니다. 그는 왕 자신이 돈을 많이 소유함으로써 백성들을 가난하게 만드는 것을 피하고자 했습니다. 그 왕의 생각에 천 파운드 정도의 금액은 반란을 막거나 적의 침입을 방어하는 데는 충분하지만 다른 나라를 차지하겠다는 호전적인 모험을 하기에는 부족한 정도라고 보았던 것입니다. 이 법은 국왕을 견제하는 것이 주목적이지만 동시에 시민들의 일상적인 거래에 많은 자금이 투입되도록 만들려는 목적도 가지고 있습니다. 법정 한도 이상의 돈을 백성들에게 되돌려 주어야만 하는 왕은 분명 백성들을 억압하지는 않을 것입니다."(50~51)

저자는 유토피아라는 이상 국가가 어떤 곳인지 종합적으로 이야기하기 전에 이렇게 여러 종류의 문제에 대한 부분적인 답을 먼저 제시합니다. 자, 여러분은 세 나라에 관한 설명을 들으니 어떤 생각이 드나요? 설명이 마음에 들었나요?

만일 여러분이 '나쁘지 않은 생각이네.' 하고 느꼈다면, 요즘 말로 완전히 '낚인' 겁니다. 아마 『유토피아』를 읽은 많은 독자들은 그런 생각을 미처 하지 못하고 넘어갔을 법한데, 꼼꼼히 들여다보면 과연 모어의 진의가 무엇인지 의아한 대목이 많습니다.

## 자비롭게 대한다더니 사형, 사형, 사형

대표적인 것이 처음 소개한 폴릴레리트의 사례입니다. 영국 사회와 달리 절도범을 처형하지 않고 공공사업에 복무하게 함으로써 국가에 도움이 되게 하고 절도범 자신도 죄의 대가를 치르며 회개하게끔 한다는 것은 꽤 인도적인 방안으로 보입니다. 그런데 이상한 대목이 나옵니다. 한번 볼까요.

> "그들은 다른 사람들과 구별되는 한 가지 색깔의 옷을 입습니다. 머리를 삭발하지는 않지만 한쪽 귀 끝을 살짝 자른 다음 그 부분의 머리를 짧게 자릅니다. 그들의 친구가 음식과 음료수를 주거나 또는 허용된 색깔의 옷을 줄 수 있습니다. 하지만 그들에게 돈을 주면 주는 사람이나 받는 사람 모두 사형에 처합니다. 그 어떤 이유가 되었든 간에 자유인이 그들로부터 돈을 받는 것도 중대한 범죄입니다. 그리고 노예(이곳에서는 죄수를 이렇게 부릅니다)가 무기를 소지하는 것 역시 사형에 해당하는 중대한 범죄입니다. 이 나라 어느 지역이든 간에 이 사람들은 특별한 표시를 달게 되어 있습니다. 이 표시를 버리든지, 다른

구역으로 넘어가든지, 혹은 다른 구역 노예와 이야기만 해도 사형입니다. 탈주를 모의하는 것만으로도 탈주 그 자체와 마찬가지로 위험한 일입니다. 탈주 계획을 모의하면 노예는 사형이고 이에 협력한 자유인은 노예가 됩니다. 반면 그런 모의를 고발하면 보상을 받습니다. 자유인은 돈을 받고 노예는 자유인이 되는 동시에 그가 그런 모의에 가담했다는 점도 사면받아서 전혀 문제가 되지 않도록 합니다. 그러므로 탈주 계획을 모의하는 것보다는 그것을 포기하는 편이 훨씬 더 안전합니다."(35)

절도범들을 어떻게 통제하는지 구체적인 방법을 이야기하는 부분입니다. 그런데 그 내용을 보면 아무리 절도범이라 해도 너무 심하다는 인상을 받습니다. 머리 모양과 옷을 규제하는 것까지는 그렇다고 쳐도, 귀 한쪽 끝을 잘라 표시하는 것은 무슨 짐승 취급을 하는 것 같네요. 더 심각한 문제는 그다음입니다. 이들에게 돈을 주면 주는 사람이나 받는 사람이나 모두 사형, 무기를 소지하면 사형, 그들이 달고 살아야 하는 표시를 버리거나 다른 구역으로 넘어가면 사형, 탈주하는 것은 둘째 치고 탈주 모의만 해도 사형입니다. 어떻게 된 게 걸핏하면 사형입니다.

농민 문제에 대한 영국의 조치가 왜 비인간적이라고 했던가요? 그들 스스로 살아갈 방도를 빼앗은 것이 문제의 근원이었습니다. 이 때문에 농민들은 별수 없이 도시로 가서 빈민이 되었고, 심지어 범죄자가 되어 마침내 죽음으로 내몰립니다. 그런 문제를 해결하는 자비로운 방식이라고 제시한 것이 폴릴레리트 방식 아니었습니까? 그런데 결과적으로 보면 이 나라의 많은 사람들은 귀족이 아니라 국가에 의해 노예가 되어 짐승 취급을 받고, 또한 걸핏하면 죽음으로 내몰리고 있습니다. 그런데도 "이것이 그들의 정책입니다. 그것이 얼마나 온건하고도 실제적인지 분명합니다. 이곳에서 형벌의 목적은 악덕을 없애고 사람을 구하는 것입니다."(35~36)라고 논평해 놓았습니다. 그러나 결코 그렇게 보이지 않는군요.

잘 생각해 보면 사회 문제에 대한 해결책이라고 내놓은 것이 사실은 똑같은 문제로 되돌아갔다는 것을 알 수 있습니다. 어쩌면 더 나빠진 건지도 모르겠네요. 사형을 남발하지 않으려고 인간적인 제도를 만들었지만, 이를 시행하기 위해 사형을 남발하게 되는 모순! 도대체 왜 이렇게 된 걸까요? 모어 자신이 히슬로다에우스의 입을 빌려 한 말을 생각해 봅시다. '극단적 정의는 극단적인 불의'라고 했지요. 바로 폴릴레리트가 그런 극단적 정의에서 출발한 극단적인 불의의 사례입니다.

**바람직한 방향이어도 실행은 신중하게**

그렇다면 저자가 무능력해서 이런 모순에 빠진 걸까요?

그렇지는 않은 것 같습니다. 모어 같은 일류 작가가 그런 모순을 몰랐으리라고 생각할 수는 없습니다. 오히려 일부러 그런 모순을 심어 넣은 게 아닐까요? 모어는 결코 쉽게 답을 제시하지 않습니다. 일부러 모순된 답을 내보이면서 과연 이게 제대로 된 답인지 우리에게 묻고자 하는 것이 그의 의도로 보입니다.

이와 비슷한 모순은 작품 안에서 자주 볼 수 있습니다. 어떤 문제를 해결한다고 하지만 해결 과정에서 오히려 더 나쁜 결과를 낳기도 하고, 대개 부작용이 아주 큰 모순들입니다. 사실 그런 사례는 『유토피아』 앞부분에 이미 나온 적이 있습니다. 아마도 많은 독자들이 그 점을 파악하지 못하고 넘어갔을 것 같습니다. 바로 히슬로다에우스의 여행을 소개하면서 나침반을 언급한 대목입니다.

히슬로다에우스가 항해하다가 어느 나라에 가 보니 그곳 선원들이 나침반 사용법을 모르기에 그가 나침반을 전해 주었다고 설명합니다. 분명 나침반은 문명의 이기이고, 그것을 전해 받은 사람들에게는 혁신적인 도구입니다. 그런데 그런 개선이 늘 좋은 결과만 가져오는 것은 아닙니다. 아래 인용문을 한번 보세요.

이 지방의 선원들은 바람과 해류에 아주 익숙해 있었지만 그때까지 나침반을 알지 못해서, 그가 나침반 사용법을 가르쳐 주자 무척 고마워했다. 그전에 그들은 아주 조심스럽게, 그것도 여름철에만 항해를 했다. 그런데 이제 나침반을 알고부터는 자신감을 얻어 겨울철 항해를 조금도 두려워하지 않게 되었다. 그래서 그들에게 유익하리라 믿었던 것이 오히려 경솔한 행동을 부추겨서 커다란 불행의 원인이 되었다.(17)

방향을 잘 잡게 된 것이 때로 치명적인 결과를 가져올 수 있다는 의미심장한 비유입니다. 더 크게 확대해서 생각해 보면, 우리 사회가 어떤 방향으로 개선해 가면 좋을지 훌륭한 방안을 낸 것이 자칫 더 큰 악으로 이끌 수도 있다는 의미입니다. 우리는 과연 어떤 구상이 정말 좋은 결과로 이어질지 아주 조심스럽게 검토해야 합니다.

미리 이야기하지만, 모어의 이런 글쓰기 전략을 놓고 볼 때 앞으로 살펴볼 유토피아 사회가 반드시 이상향의 청사진인지 아닌지 잘 생각해야 합니다. 물론 대체로 모어가 생각하는 이상향을 보여 주는 내용이겠지만, 중간중간 매우 희한한 요소들이 들어가 있습니다. 곰곰이 생각해 보면 그런 요소들은 이상적이기는커녕 너무나도 부조리해 보입니다. 모어가 농담을 하는 것인지 진담을 하는 것인지 모호할 때도 많습니다. 이런 것이 모어 글의 특징입니다. 『유토피아』는 곧이곧대로 이상향을 설명하는 것이 아닙니다. 과연 이상향이 무엇인지, 이상향이라고 생각하고 추구하는 것이 혹시 정반대의 결과를 가져오는 것은 아닌지 우리에게 묻고 있습니다.

# 토머스 모어의
## 사고 실험 5

## 가장 조심해야 할 것, 오만

이제 1부의 큰 틀로 돌아와 두 사람의 논쟁을 다시 생각해 봅시다. 히슬로다에우스는 정말 많은 경험을 하여 박식하고 지혜로운 사람으로 묘사됩니다. 그는 말하자면 진정 행복한 사회가 어떤지, 어떠해야 하는지 등을 보고 온 사람입니다. 그래서 이상 국가의 핵심을 전할 생각이 있습니다. 그런데 막상 그렇게 하려고 보니 세상의 실정이 녹록지 않습니다. 궁정에 나아가서 조언하고 싶어도 군주들이 자기 말을 들으려 하지 않을 겁니다. 그렇다면 어떻게 해야 하나요?

작품 속 모어와 히슬로다에우스는 1부 끝 부분에서 정색을 하고 논쟁을 벌입니다. 모어는 상황이 어렵다는 것은 잘 알지만, 그래도 현재 상태에서 최선을 다해야 하는 게 아니냐고 주장합니다.

모어의 논리는 이렇습니다. 이 세상이 한 편의 연극이라고

농담과 역설의 유토피아 *89*

생각해 보자. 그러면 우리 모두 그 연극에 맞춰 자기가 맡은 역할을 성실하게 잘해야 한다. 지금 상연하는 연극이 코미디라면 거기에 맞는 대사를 해야지, 뜬금없이 비극 작품의 장중한 대사를 읊어서는 안 된다. 다른 연극이 더 재미있겠다고 생각해서 지금 상연하는 연극을 망쳐서는 안 된다. 또한 지금 하고자 하는 일이 힘들다고 해도 포기해서는 안 된다는 것이 모어의 의견입니다.

"오랜 세월 지속되어 온 악을 확실하게 치유하지 못한다고 해서 나라를 포기해서는 안 됩니다. 마치 풍향을 바꾸지 못한다고 해서 배를 버려서는 안 되는 것과 마찬가지입니다. 반대로 사람들이 당신과 다른 방향으로 생각을 한다고 해서 그 사람들에게 당신의 생각을 오만하게 강요해서도 안 됩니다. 당신은 정치에 간접적으로 영향을 미치도록 노력해야 하고, 상황을 기술적으로 조종함으로써 선으로 향하게 하지 못한다면 최소한 악으로 나아가지는 못하도록 만들어야 합니다. 모든 사람이 선하게 되지 않고서야—그런 것은 정말로 요원한 일이겠지요—모든 일이 완벽하게 될 수는 없으니까요."(52)

여기서 한 가지 사실을 꼭 기억하고 넘어가도록 합시다. 위의 인용문에서 모어는 히슬로다에우스에게 "사람들이 당신과 다른 방향으로 생각한다고 해서 그 사람들에게 당신의 생각을 오만하게 강요해서도 안 됩니다." 하고 비판 조로 말하고 있습니다. 히슬로다에우스가 자기만 옳다고 생각하고, 더 나아가 자기 생각과 사고방식을 남에게 '오만하게' 강요하고 있다는 판단에서입니다. 그런데 『유토피아』의 결론 부분에 가면 이 세상이 이상향이 되지 않는 중요한 이유로 인간의 '오만'을 들고 있습니다. 오만이야말로 '만악의 근원'이라고까지 단언합니다. 그 점을 염두에 두고 이 부분을 보면 참으로 큰 모순을 느낄 수 있지요. 이상 사회에 대한 구상을 갖고 있는 사람 자신이 바로 그 유토피아의 실현을 가로막는 근원적인 잘못인 오만을 안고 있기 때문입니다.

모순은 여기에 그치지 않습니다. 바로 그런 사실을 잘 아는 현실의 토머스 모어 자신이 '오만'하게도 국왕에게 대들다가 참수당했습니다. 머릿속 생각과 현실에서의 실천은 역시나 다른 모양입니다.

### 예수의 가르침도 왜곡하는데……

아무튼 히슬로다에우스는 궁정에 나아가 조언하는 것은 불가능하다고 답합니다. 그의 논리는 이렇습니다. 내 충고가 국왕 보좌관들에게 먹혀들지 않을 뿐 아니라, 내 생각은 아예 거의 미친 사람의 의견처럼 취급받을 것이다. 심지어 사람들은 내 의견이 맞기 때문에 더더욱 받아들이려 하지 않을 것이다……. 그러고는 예수의 말을 생각해 보자고 합니다.

"예수의 가르침은 대부분 내 이야기와는 비교가 안 될 정도로 인간 사회의 관습과 다릅니다. 그런데 아주 교묘한 설교자들은 사람들이 예수의 명령에 따르기 위해 자기 삶을 바꾸지 않으리라는 것을 알고 예수의 가르침을 마치 납으로 된 자*처럼 사람들의 생활에 맞게 조정해 놓았습니다. 그래서 그 두 가지가 서로 잘 맞아떨어지도록 해 놓은 것입니다. 하지만 그들은 단지 사람들이 안심하고 악을 행하도록 만들었을 뿐입니다."(54)

예수의 가르침을 왜곡하는 성직자들과 마찬가지로 자기가 왕궁에 나가면 다른 사람들의 비열함과 사악함과 광기를 가려주는 가림막 구실이나 하게 될 뿐이라는 것이 히슬로다에우스의 주장입니다.

그는 또 이런 비유도 듭니다. '사람들이 길거리에 모여 서서 비에 젖는 것을 보고 집 안으로 들어가서 비를 피하라고 설득하려 했지만 통 말을 들으려 하지 않는다. 계속 설득하려 해 봐야 나까지 비에 젖지 않는가. 그러니 차라리 나만이라도 집 안에 남아서 젖지 않는 것으로 만족하자.' 히슬로다에우스가 적절하게 인용하는 이 이야기는 플라톤(기원전 428?~347?)의 『국가』에 나오는 말입니다.

이처럼 두 사람의 의견은 평행선을 달립니다. 작품 속 모어

* 납으로 만든 휘어지는 자는 모서리가 둥근 부분이 많은 고대 건물을 지을 때 유용했는데, 여기서 이 말은 쉽게 왜곡되는 도덕 기준을 상징한다.

의 말을 들으면 그의 말이 맞는 것 같다가, 히슬로다에우스의 말을 들으면 그의 말이 맞는 것 같기도 합니다.

**사유 재산을 폐지해야 하는가?**

그런데 먼저 확인할 점이 한 가지 있습니다. 히슬로다에우스는 사회가 어떤 조건을 갖추었을 때 이상 사회가 실현될 수 있다고 생각하는 것일까요? 이에 대해 1부 마지막에서 그는 문제의 발언을 합니다. 사유 재산이 있는 곳에 정의와 행복은 불가능하다는 것입니다!

> "그런데 모어 씨, 내 생각을 솔직하게 이야기하면 사유 재산이 존재하는 한, 그리고 돈이 모든 것의 척도로 남아 있는 한, 어떤 나라든 정의롭게 또 행복하게 통치할 수는 없습니다. 우리 삶에서 가장 좋은 것들이 최악의 시민들 수중에 있는 한 정의는 불가능합니다. 재산이 소수의 사람들에게 한정되어 있는 한 누구도 행복할 수 없습니다. 왜냐하면 그 소수는 불안해하고 다수는 완전히 비참하게 살기 때문입니다."(55)

사유 재산이 완전히 사라진 유토피아에서는 "모두 덕을 숭앙하면서도 모든 것을 공평하게 나누어 갖고 또 모든 사람이 풍요롭게 살아갑니다."(56) 히슬로다에우스는 그런 사회를 이끌어 가는 데는 아주 소수의 법만으로도 충분하다고 말합니다. 그렇지만 사유 재산이 남아 있는 한 대다수의 사람들은 무거운 근심과 걱정에서 헤어 나올 수 없다고 주장합니다.

분명 어디서 본 듯한 익숙한 주장이지요. 바로 공산주의 이론입니다. 모두 공평하게 나누어 가지고 모두가 서로를 위해 일하면 다 함께 행복해질 수 있으리라는 주장이지요. 이런 말을 들으면 아마 누구든 아래처럼 작품 속 모어와 같은 비판을 제시할 겁니다.

"하지만 저는 의견이 다릅니다. 내 생각에는 모든 것을 공유하는 곳에서는 사람들이 잘살 수 없습니다. 모든 사람들이 일을 안 하려고 할 텐데 어떻게 물자가 풍부하겠습니까? 이익을 얻을 희망이 없으면 자극을 받지 못합니다. 그래서 모두 다른 사람들에게 의지하려 하고 게을러질 것입니다. 어떤 사람이 자신에게 부족한 것을 생산하기 위해 열심히 노력하더라도 자기가 얻은 것을 합법적으로 보장받지 못한다면, 그리고 특히 통치자들에 대한 존경과 그들의 권위가 모두 사라진다면 유혈과 혼란밖에 더 일어나겠습니까? 모든 면에서 사람들이 서로 평등하다면 그들 사이에 어떻게 권위를 세울 수 있을지 나는 모르겠습니다."(57~58)

우리가 능히 생각할 수 있는 논쟁이지요. 여기에서 한 가지 의문이 듭니다. 현실의 모어는 누구 의견에 찬성하는 걸까요?

## 상상 속 분신

우리는 일이 잘 풀리는 자신의 모습을 상상하기도 하고,
일이 풀리지 않는 자신의 모습을 상상하기도 한다. 영화 〈더블〉(2013)에는
자신감 넘치는 분신과 소심한 분신이 등장한다. 마찬가지로 『유토피아』 속
히슬로다에우스와 토머스 모어도 다 실제 토머스 모어의 분신이 아닐까?

작품 속 모어가 실제 그의 생각일까요, 아니면 히슬로다에우스가 그의 본래 생각에 가까울까요?

내 생각에는 모어 자신의 두 생각이 팽팽하게 맞서고 있는 것 같습니다. 이런 측면도 있고 저런 측면도 있기 때문에 어느 한쪽으로 완전히 기울지 않는 상황에서, 자신의 자아를 둘로 나누어 각기 한쪽의 사고를 대변하는 주인공들을 만들어 작품 속에 넣고는 일종의 사고 실험을 하는 것이지요. 독자 여러분은 누구 생각에 동의합니까? 또는 어느 쪽이 실제 모어의 생각에 가깝다고 생각합니까?

여기에서는 일단 그 논의를 중단하기로 합시다. 2부까지 다 살펴본 뒤에 모어의 의도가 그중 누구와 가까운지 다시 생각해 보는 게 좋겠습니다.

어쨌든 두 사람의 논의가 막바지에 이르렀을 때 작품 속 모어는 그들의 대화를 잠시 멈추자고 제안합니다. 점심때가 됐으니 식사를 하고 오후에 다시 이야기하자고 말입니다. 그리고 식사 후에 히슬로다에우스가 보고 온 유토피아라는 나라의 실상이 어떤지 자세히 들어 보기로 합니다. 우선 그 나라가 과연 어떤 방식으로 구성되고 어떻게 작동하는지 잘 들어 봐야 그에 대해 더 자세한 비평이 가능하고, 그 나라의 우수한 점을 받아들일 수 있는지 아닌지 따질 수 있을 테니까요.

플라톤의 『심포지움』도 딱딱한 학술 토론회가 아니라 융숭한 잔치, 곧 '향연'이라는 뜻이라고 하지요. 역시나 플라톤을 열심히 공부한 학자답게 모어는 플라톤을 향한 존경 어린 모방을 하고 있는 듯합니다. 육체적으로 건강하고 정신적으로 풍요로워야 진정 훌륭한 인재입니다. 그러니 잘 먹고 잘 쉬고, 그런 다음에 다시 정신 차려서 지적인 대화를 하자는 거지요. 무대가 되는 곳이 요리를 아주 잘하기로 유명한 플랑드르 지방이니, 이 두 사람도 점심을 아주 맛있게 잘 먹지 않았을까 싶네요.

나도 그 지방을 여행할 때 세계 최고 수준이라는 그곳 맥주를 곁들여 그 지방 전통 음식인 토끼 고기 요리를 먹은 기억이 납니다. 여러분도 피곤하면 잠시 식사하고 쉬었다가 다시 책을 봐도 좋겠습니다. 잘 먹어 건강을 지키고 그를 바탕으로 지적·정신적 교양을 갖추자는 것, 그것은 괜한 말이 아닙니다.

유토피아 살펴보기

# 섬의 도시와
## 농촌
# 6

2부에서는 유토피아라는 나라를 구체적으로 소개합니다. 여기에
서는 히슬로다에우스만 이야기하고, 모어는 단지 이야기를 청하
는 역할에 그칩니다. 다만 히슬로다에우스가 2부의 대부분에 걸
쳐 유토피아를 설명하고 나면 끝 부분에 다시 작품 속 모어가 등
장해서 논평을 합니다. 모어는 찬탄하는 동시에 회의적인 논평
도 하지요. 우리도 히슬로다에우스의 설명을 따라 유토피아라는
나라의 실상을 자세히 분석해 보고 우리 생각을 정리해 봅시다.

### 섬, 일반적인 땅과 다른 법칙이 작동하는 곳
유토피아는 섬나라로 설정되어 있습니다. 그 섬에 대한 묘사를
보면, 섬 자체가 광대한 만으로 되어 있어서 배를 이용해 섬 어
디든 가기에 편리합니다.

"유토피아인들이 사는 섬은 가장 넓은 중앙부의 폭이 200마일

입니다. 다른 곳도 대체로 이 정도의 폭을 유지하지만 다만 섬의 양쪽 끝 부분으로 갈수록 좁아집니다. 섬 전체가 500마일 정도의 큰 원 모양이어서 그 양쪽 끝 부분은 서로 근접해 있습니다. 그래서 전체적으로 초승달 모양을 하고 있습니다. 초승달의 양쪽 끝 부분 사이의 길이는 11마일이며, 이 좁은 사이로 바닷물이 들어와서 광대한 만을 이루고 있습니다. 육지가 바람을 막아 주므로 이 만은 파도가 크게 이는 적이 없고 언제나 호수처럼 잔잔합니다. 만의 안쪽 해안 거의 전체가 하나의 큰 항구 같으며, 또 선박들은 사방 어디로든지 항해할 수 있어서 대단히 편리합니다."(62)

아주 안정적인 여건이 갖춰진 나라로 묘사되지요. 지리적인 조건에다 인위적인 노력이 더해져서 바깥 세력이 이 나라를 침범하기가 몹시 어렵다는 설명을 덧붙입니다.

"만의 입구에는 한편으로 얕은 사주(모래섬)가 있고 다른 한편에 암초들이 있어서 매우 위험합니다. 이 해협의 한복판에 큰 바위가 물 위로 솟아나와 있으나 이 자체는 그리 위험하지 않습니다. 이 바위 위에 탑 하나가 세워져 있고 여기에 주둔군이 배치되어 있습니다. 그러나 물밑에 숨어 있는 다른 바위들은 항해하는 데 대단히 위험합니다. 이 해협은 유토피아인들만 자세히 알고 있기 때문에 외지인들은 이 나라의 수로 안내인 없이 들어오기가 힘듭니다. (……) 섬의 바깥쪽 해안에도 몇몇 항구들이 있지만 이 지역이 원래 바위가 많은 천혜의 요새이기 때문에 소수의 수비병만으로도 적들을 쉽게 물리칠 수 있습니다." (63)

여기에서 서술한 섬의 크기는 대략 잉글랜드* 크기입니다. 영국의 작가이니 공상의 세계를 만들 때도 머릿속으로 자기 나라를 생각했을 가능성이 크겠지요. 그렇지만 이상향을 섬으로 상정한 데에는 다른 이유도 있을 겁니다. 다른 많은 유토피아 계열 작품들 또한 섬나라를 무대로 삼고 있습니다.

섬(island)이라는 말은 분리된 땅(isolated land)이라는 의미입니다. 섬은 분리되어 있기에 일반적인 땅과는 다른 법칙이 작동하는 곳입니다. 그래서 흔히 새로운 질서를 꿈꾸는 사람들이 자신의 구상을 펼치는 배경으로 사용하곤 하지요.

**탯줄을 끊고 새롭게 태어난 섬**

그런데 특기할 점이 하나 있습니다. 이 섬은 본래부터 섬이 아니라 놀랍게도 '만들어진 섬'입니다.

"그들은 이곳이 원래 섬이 아니었다고 말합니다(지리를 보면

---

* 영국 그레이트브리튼 섬의 중남부를 차지하는 지방으로, 면적은 13만 제곱킬로미터 정도다.

유토피아 섬의 모습

커다란 원 모양의 유토피아 섬이 있고, 그 뒤로 대륙이 보인다.
새로운 세상에 대한 생각을 펼친 작품들은 섬을 배경으로 하는 경우가 많다.
섬은 이 세상에서와는 다른 모습으로 살아가는 이들을 상상하게 한다.

그 점이 거짓이 아니라는 것을 확인할 수 있습니다). 이 지역은 원래 아브락사(Abraxa)라고 불렸는데 우토푸스(Utopus)가 이곳을 점령한 다음 자기 이름을 따라 유토피아라고 부르게 되었습니다. 우토푸스는 원래 거칠고 투박한 이곳 원주민들을 아주 높은 문화 수준으로 끌어올려서 현재 이곳 주민들은 다른 어느 민족보다도 문화적으로 월등합니다. 정복 직후 우토푸스는 원래 대륙과 연결되어 있던 곳에 폭 15마일의 해협을 파서 바다가 이 지역을 둘러싸게 만들었습니다. 그는 원주민들에게만 이 일을 시키지 않고 자기 휘하의 군사들도 함께 일하도록 해서, 피점령민들이 이 일을 수치로 받아들이지 않도록 했습니다. 많은 사람들이 함께 일을 했기 때문에 이 계획은 금세 이루어졌고, 처음에 이 일을 미친 짓이라고 비웃던 주변 민족들도 이 성공적인 사업을 보고는 놀라움과 공포를 느끼게 되었습니다."(64)

설명을 보면 원래 반도였던 곳인데 수많은 사람이 동원되어 땅을 파서 섬으로 만들었네요. "진짜 그게 가능해?"하고 물을 필요는 없을 것 같습니다. 어차피 허구이니 가능성 여부를 따질 일은 아닙니다. 중요한 것은 사람들이 살아가는 터전, 지리적인 여건까지 인위적으로 만든다는 점, 또한 그것을 공동체 전원이 협력하여 만들어 간다는 점입니다.

여기부터 벌써 이 나라의 성격이 드러납니다. 사실 유토피아는 하늘에서 떨어진 게 아니라 인간이 만든 이상향입니다. 그리고 지도자가 있지만, 그보다 중요한 것은 모든 사람의 공동의 노력으로 만들어 간다는 점입니다.

아무튼 이제 가상의 이상향으로 들어가는 독자는 첫머리에서 대륙의 일부였던 곳을 스스로 섬으로 만들었다는 이야기를 듣습니다. 마치 탯줄을 끊고 새로 태어나는 듯한 인상을 주지요. 1부와 2부 사이에는 형식 면에서도 단절이 있고(1부는 대화 형식, 2부는 논설 형식), 내용 면에서도 대비됩니다(1부는 주로 디스토피아, 2부는 유토피아). 그리고 그것을 인도하는 문학적 장치도 인위적으로 섬을 만드는 단절로 시작됩니다. 완전히 새로운 나라에 대한 새로운 접근을 유도하는 거지요.

이 나라의 탄생 과정을 보고 주변 민족들이 "놀라움과 공포"를 느꼈다고 그러네요. 여러분도 이 나라 구석구석을 살펴보세요. 과연 어떤 감정을 느낄지 궁금해집니다. 편안함과 다정함을 느낄지, 아니면 놀라움과 공포를 느낄지.

## 통일성과 토지 국유화

이제 이 나라의 기본 구조를 살펴봅시다.

> "이 섬에는 크고 장엄한 도시 54개가 있는데, 이 도시들은 언어, 관습, 제도, 법이 모두 같습니다. 지리적 여건에 따라 다소 차이는 있겠지만, 이 도시들은 모두 하나의 계획안에 따라 건

설되었으며 따라서 똑같은 모양을 하고 있습니다. 가장 가까운 도시 간에도 적어도 24마일 떨어져 있고 또 가장 멀리 떨어진 도시 간에도 하루에 걸어가지 못할 정도로 멀지는 않습니다."

(64~65)

섬 전체에 도시가 계획에 따라 일정하게 만들어져 있네요. 도시 사이의 간격이 최소 24마일이면 약 40킬로미터인데, 하루에 걸어서 오고 가기는 무척 힘들어 보입니다. 아주 멀리 떨어진 것은 아니지만, 그렇다고 쉽게 오갈 수 있는 거리도 아닙니다.

문제는 그 도시들이 어디를 가나 똑같은 모양, 똑같은 구조를 하고 있고 사람들은 똑같은 생활을 한다는 점입니다. 그래서인지 우리는 이 나라의 체제가 전체주의적인 성격을 띤다는 느낌을 받습니다. 마치 벌통 모양이 연상되지요? 그런데 이 시기에는 벌집과 벌의 규칙적인 생활이 매우 좋은 의미로 받아들여졌습니다. 요즘은 벌의 세계가 획일적이고 억압적으로 여겨지기 쉽지만, 옛날에는 대체로 좋은 사회의 이미지를 풍겼습니다.

섬 중앙에 자리 잡은 도시가 아마우로툼입니다. 이곳에 원로원 대표가 모인다는 설명을 보면 이 도시는 분명 런던을 가리키는 것 같습니다. 말하자면 이곳이 수도로서 이 섬 전체를 통제합니다.

각 도시 주변에는 농지가 분포되어 있습니다. 그러니까 한 도시와 그 주변의 농촌이 기본 생활 단위입니다. 여기에 묘사된 시골집들은 특이한 점이 있습니다.

"이곳 주민들은 자신을 지주가 아니라 차지인이라고 봅니다. 시골 지역 전역에 일정한 간격으로 건물이 지어져 있고 그 안에 농기구들이 비치되어 있습니다. 이 건물에는 도시민들이 교대로 와서 거주합니다. 시골집들에는 적어도 40명의 남녀와 두명의 노예가 삽니다. 그리고 각 농가는 사려 깊고 나이 지긋한 남녀 감독관이 관리를 하게 되어 있습니다. 30가구마다 한 명의 필라르쿠스*가 있습니다. 도시민들은 2년 동안 농사일을 한다음 도시로 귀환하는데 매년 20명씩 교대하게 되어 있습니다. 20명이 도시로 돌아가고 대신 새로 20명이 농촌에 와서 1년 먼저 와 있던 사람들로부터 일을 배우게 됩니다. 1년 뒤면이 사람들 자신이 새로 도착하는 사람들에게 일을 가르치겠지요."(65)

먼저 이곳 주민들이 지주가 아니라 차지인이라고 설명하고 있습니다. 그러면 땅 주인은 누구인가요? 바로 국가입니다. 당연한 일이지요. 모두 소유를 포기하고 다 함께 행복을 추구하는 나라니까요. 자기 토지를 가지고 생산물을 홀로 차지하면 결국 부익부 빈익빈의 모순이 발생할 테니, 아예 토지 국유화로 그런 사

* 그리스어 phylon(부족)과 arche(머리)의 합성어로, '부족장'이라는 뜻.

태를 미리 방지한 겁니다.

한편, 도시민이라고 늘 도시에 사는 게 아니며 시골 사람이라고 늘 시골에 사는 게 아닙니다. 두 지역 주민들은 사는 곳을 주기적으로 서로 바꿉니다. 그러면 모든 사람이 농업 생산의 주체로서 생산 활동에 참여하게 됩니다.

시골집에는 40명의 남녀와 노예 두 명이 살고 있다고 되어 있지요. 이상향에도 노예가 존재한다니 놀랍지만, 그렇다고 이곳이 노예제 사회는 아니라는 점만 분명히 해 두겠습니다. 농사 짓는 데 40명의 자유인에 두 명의 노예만 존재한다면 이 노예들은 보조하는 역할에 그칩니다. 노예의 존재에 대해서는 나중에 다시 이야기하도록 합시다(130~133쪽 참조).

## 같은 집에 살고, 같은 옷을 입은 사람들

이 시골집에 사는 40명은 한 가족일까요? 자세한 설명은 없지만 그렇지는 않은 듯합니다. 다만 부족장의 지휘 아래 마을 사람 전체가 한 가족처럼 살고 있습니다. 시골집뿐만 아니라 도시의 집에 관한 설명을 봐도 비슷합니다.

"모든 집들은 거리 쪽으로 하나, 그리고 정원 쪽으로 또 하나의 문이 나 있습니다. 두 개의 문짝으로 된 이 문은 사람이 밀고 들어가면 저절로 닫히게 되어 있는데, 항시 열려 있어서 원하는 사람은 누구나 집 안에 들어갈 수 있습니다. 말하자면 사유

재산이 없는 셈이지요. 사람들은 10년에 한 번씩 추첨으로 집을 바꾸어 삽니다."(69)

이 설명을 보면 집 또한 자기 재산이 아닙니다. 집을 추첨으로 배정받고 또 주기적으로 교환합니다. 10년마다 추첨으로 집을 바꾼다는 것과 2년에 한 번씩 도시와 농촌 주민들이 교대한다는 것을 함께 고려하면 결국 평생 계속해서 이사하니 삶의 안정성이 떨어질 우려가 있는 건 사실입니다. 더구나 설명을 보면 아무나 남의 집으로 밀고 들어갈 수 있습니다. 그러니까 사유 재산이 없는 정도가 아니라 사생활이 없네요.

실제로 이런 생활을 하면 꽤나 불편할 것 같습니다. 가족끼리 한집에 살고 내 방이 따로 있어서 내가 하고 싶은 일을 하는 것이 우리에게는 훨씬 편합니다. 유토피아에서처럼 모든 것이 공공의 생활로 이루어지면 자칫 수용소처럼 되어 버리겠지요.

그래도 다행인 것은 집집마다 정원이 있다는 점입니다. 이는 분명 영국인의 특징을 드러낸 부분입니다. 요즘도 그렇지만 당시에도 영국인들은 정원을 잘 가꾸는 것으로 유명했습니다. 각 구역마다 최고의 정원을 뽑는 경쟁까지 한다니 더욱 열정적으로 가꾸겠지요.

이 작품에서 읽을 수 있는 흥미로운 점 하나는 세대가 갈수록 도시가 더 아름다워진다는 설명입니다. 집도 개선되고 정원도 더욱 아름다워집니다.

"처음에 이 도시 전체를 계획한 것은 우토푸스 자신이지만, 장식과 개선 작업은 후대의 일로 넘겼다고 합니다. 모든 일들을 자신의 당대에 다 할 수는 없었을 테지요. 이 나라의 연대기 작성은 이 섬이 정복된 1,760년 전부터 시작되었는데 이 기록들이 모두 잘 보관되어 있습니다. 기록을 보면 초기의 집들은 헛간이나 시골 오두막집처럼 조그마했습니다. 기본 재료는 목재이고 벽에는 진흙을 발랐으며, 아주 가파른 지붕은 짚으로 덮었습니다. 하지만 현재의 집들은 아주 멋지게 치장한 3층 건물입니다."(69~70)

이것은 아주 중요한 의미가 있습니다. 유토피아 사회는 처음부터 완성된 형태로 주어지는 게 아니라 꾸준히 개선되어 간다는 뜻을 함축하기 때문이지요. 이 나라는 탄생과 성장, 발전을 거치는 나라입니다. 이에 대해서는 나중에 또 설명하겠습니다(200~203쪽 참조).

이 나라의 실상을 몇 가지 살펴봤습니다만, 벌써 느낌이 전해 오지요? 개인주의라고 할 만한 측면을 아주 철저히 없애려고 애쓰는 것을 알 수 있습니다. 이 나라 사람들이 모두 똑같은 옷을 입고 있다는 것이 그 점을 잘 보여 줍니다. 만일 우리가 어떤 나라로 여행을 갔는데 온 국민이 다 똑같은 옷을 입고 있다고 상상해 봅시다. 조금 섬뜩하지 않을까요. 또한 그 옷의 모양은 세월이 흘러도 변화가 없습니다. 건국 이래 몇백 년 동안 이 나라 사람들은 똑같은 옷을 입었다는 이야기입니다.

"이 섬 전체에서, 그리고 수백 년 동안 내내, 사람들은 같은 모양의 옷을 입었습니다. 다만 남녀의 차이, 혹은 기혼과 미혼의 차이 정도만 있습니다. 이 옷은 꽤 매력적이면서도 몸동작에 방해가 되지 않고, 더위나 추위에 모두 유용합니다. 무엇보다도 중요한 것은 집에서 스스로 이 옷들을 만든다는 점입니다." (72)

뒷부분에 옷에 관한 언급이 다시 나옵니다.

"이들의 작업복은 가죽으로 만든 느슨한 옷인데 무려 7년이나 씁니다. 외출할 때는 이 거친 옷 위에 외투 하나만 걸치면 됩니다. 이 섬의 주민들 모두 똑같은 색 외투를 입는데 그 색은 다름 아닌 자연 그대로의 양모 색깔입니다. 그래서 다른 나라에 비해 양모를 덜 필요로 할 뿐 아니라 그들이 사용하는 양모 자체가 더 저렴합니다. 그런데도 이보다 품이 덜 드는 아마 옷을 더 즐겨 입습니다. 아마 옷은 하얀색이면 충분하고, 모직 옷은 깨끗하기만 하면 된다고 생각하며, 고급 직물을 높이 평가하지 않습니다. 다른 곳에서는 색깔이 다른 네다섯 벌의 외투와 비단 셔츠를 가지고도 사람들이 만족하지 않는가 하면, 멋 부리기를 좋아하는 사람은 10벌을 가지고도 충분치 않다고 생각합니다. 그러나 유토피아 사람들은 한 벌로 만족하며 그 옷을 2년 동안 입습니다. 더 많은 옷을 가지고 있어 봐야 추위를 더 잘 막는 것도 아니고 더 멋지게 보이는 것도 아니기 때문에 아예 원치를 않는 것입니다."(77)

사람들 사이의 차이를 드러나게 하는 것은 대개 옷이겠지요. 부자와 가난한 사람들, 노인과 청년, 서로 다른 지방에 사는 사람들, 멋을 중시하는 사람과 멋에 둔감한 사람……, 그런 차이를 모두 옷이 표현해 냅니다. 이 나라는 그런 차이가 부각되고 영향을 끼치는 것에 심한 거부감이 있는 듯합니다.

누구나 다 똑같은 옷을 입고 있고, 옷 색깔은 본래의 양모 그대로 흰색이며, 아무리 세월이 흘러도 변함이 없습니다. 1부에서 양모 생산으로 인한 사회적 충격을 설명했기 때문에 더더욱 이 점을 강조하지 않나 싶습니다. 나는 옷 치장에 둔한 편이라 이 나라에서 그렇듯 아침마다 뭐 입고 출근할까 고민할 필요 없이 그냥 '그 옷'을 입는 게 크게 불편하지는 않을 것도 같지만, 그래도 평생 똑같은 옷, 우리 아버지도 입었고 내 아들도 다 똑같이 입고 있는 그 옷만 입는다면 결국은 질릴 것 같습니다. 그렇다고 나 혼자 빨간 바지에 까만 재킷, 노란 넥타이 매고 직장에 나타나는 일은 여기서는 불가능합니다.

이제 이 나라에 대한 느낌이 확실하게 전해져 오지요? 모두 똑같은 옷을 입고 추첨한 집에서 살고 도시 주민과 농촌 주민이 사는 지역을 번갈아 바꾸는 이곳에서는 '집단주의'의 냄새가 물 씬 풍깁니다.

# 이상적인 가족은? 7

**사회의 핵심 단위인 가정을 지켜라!**

이제 이 나라의 사회관계를 조금 더 보도록 하겠습니다.

이상향에 대한 사고를 할 때 무엇보다 중요한 것은 가족 관계입니다. 사회를 이루는 가장 기본적인 단위는 가족이지요. 남녀가 만나 부부가 되고 그 사이에서 아이들 낳아 기르고 하는 가족 구성이 사회의 핵심 요인입니다. 재산 소유의 기본 단위도 가족이지요.

따라서 모든 문제가 가족에서 비롯된다고 해도 과언이 아닙니다. 그 때문에 이상적인 사회를 구상할 때면 흔히 가족 제도를 극단적으로 변화시키려고 합니다. 예컨대 재산을 공동으로 나누는 정도를 넘어 남녀의 만남까지 공유하면서 완전한 성적 자유를 이루는 나라, 몇 가족이 같이 사는 나라 등등 기발한 생각을 내놓기도 하지요. 그러면 유토피아에서는 어떤 가족을 제시하고 있을까요?

적어도 겉보기에 이 나라 사람들은 우리와 크게 다르지 않은 가족을 이루고 사는 것으로 보입니다. 나아가 가족애라는 것이 아주 중요해 보입니다. 특히 부부간의 결합은 아주 단단하기 이를 데 없습니다. 그 점은 거꾸로 이혼이 얼마나 어려운지를 보면 알 수 있습니다.

"가끔 결혼한 부부가 더 이상 함께 지내기 힘들어지고, 또 각자 더 조화롭게 살 수 있을 것 같은 사람을 발견하는 일이 일어납니다. 이때는 원로원의 동의 아래 두 사람은 합의 이혼하고 각자 재혼할 수 있습니다. 그렇지만 이것은 원로원 의원들과 그 아내들이 조심스럽게 조사해 본 다음에 허락합니다. 그 경우에도 이혼 허가는 쉽게 나지 않는데, 그 이유는 만일 새로운 결합이 쉽게 가능하다는 생각을 하게 되면 부부가 함께 가정을 이어 가는 것이 어려워지기 때문입니다."(116)

말하자면 이혼하기 위해서는 국회의 동의를 얻어야 하는 식입니다. 심지어 국회의원의 부인들까지 나서서 조사한다고 합니다. 그러니 한번 결혼하면 대부분 그것으로 끝이라고 봐야겠지요. 그런데 이혼이 너무 잦은 것도 사회적으로 큰 문제지만, 이혼하기가 사실상 불가능할 정도로 힘든 것도 문제가 될 수 있습니다. 도대체 마음이 맞지 않는 부부가 무슨 일이 있어도 계속 같이 살아야 한다는 게 좋은 일은 아닙니다. 어쨌든 유토피아에서는 남녀가 한번 결합하면 끝까지 갑니다. 그만큼 부부간의 결합이 지극히 강합니다.

그래도 사람 사는 곳인데 남녀 간의 문제가 발생할 수 있지 않을까요? 예를 들어 간통 사건이 벌어지면 어떻게 될까요? 말할 수 없이 단호한 처벌이 내려집니다. 노예가 되는 겁니다! 범법자가 기혼자라면 이혼하게 되고, 배우자는 원하는 경우 다른 사람과 재혼할 수 있습니다. 그러나 배우자가 여전히 상대방을 사랑한다면 이 결혼은 지속되는데, 단, 노예에게 부과된 노동을 부부가 함께 한다는 조건을 받아들여야만 합니다(간통한 남편 또는 부인을 용서하고 함께 노예가 될 정도면 정말 무지 사랑하는 사람일 테지요. 그런 부부 사이에 왜 간통 문제가 생겼는지는 모를 일이지만……). 때로는 범법자의 참회와 그 배우자의 헌신적인 태도가 국가 원수를 감동시켜서 두 사람 모두에게 자유를 회복시켜 주는 일이 있다고 합니다.

그런데 여전히 정신 못 차리고 또 간통을 범하면 어떻게 될까요? 더욱 단호한 조치가 기다리고 있습니다. 사형에 처한다고 하네요! 혹시 여러분이 이 나라에 이민 가서 살게 된다면 이상한 행동을 할 생각일랑 아예 말고 정신 바짝 차려야 할 겁니다.

이런 법 조항들을 보면 이 나라에서는 가족을 아주 소중하게 여기고 철저하게 지키려는 것으로 보입니다. 그런데 그런 점과 전혀 어울리지 않는 또 다른 측면이 있습니다. 도대체 이 나라에서는 가족이라는 게 무얼까 의문스러울 정도로 이 나라의 가족

제도에는 이상한 점이 한둘이 아닙니다. 다음 구절을 보세요.

"한 도시가 지나치게 커지거나 작아지지 않도록 한 도시 안에 6천 가구 이상이 되지 않게 하고, 또 한 가구의 식구 수가 10명에서 16명 사이가 되도록 법령으로 정했습니다. 가구당 어린이의 숫자는 제한하지 않고 다만 어른들의 숫자를 조정하는데, 식구가 많은 가구로부터 식구 수가 충분치 않은 가구로 사람들을 이전시킵니다. 마찬가지로 인구가 많아진 도시 주민들 일부를 인구가 부족한 도시로 이주시킵니다."(78~79)

이 내용을 잘 생각해 보십시오. 여기에서 말하는 이 '가구'라는 게 우리가 생각하는 가족과 같은 걸까요? 가족의 수가 일정 기준을 넘어섰다고 해서 그중 몇 명을 이웃집에 살도록 조치하다니요. "205호 거주민 여러분, 인원수가 16명을 넘었으니 2명은 내일부터 508호에 가서 사세요." 뭐, 이런 식이지요. 이것은 분명 우리의 가족과는 다른 개념입니다. 그렇다면 혹시 한집에 몇 쌍의 부부가 함께 사는 것을 가리키는 걸까요? 자세한 설명이 없어 알 수 없지만, 하여튼 우리가 생각하는 그런 가족생활과는 분명 다릅니다. 다만 확실한 사실은, 이 나라에서 가족은 철저히 국가의 통제를 받는다는 점입니다.

마찬가지로 도시도 지금 우리 경우와는 다릅니다. 한 도시의 인구가 많아졌다는 이유로 국가의 명령에 따라 한 지역 주민을 다른 지역으로 강제로 보내 버립니다. "반포 2동 주민 일부는 다음 달부터 신림 3동에 가서 사세요." 하는 식이지요. 이런 걸 보면 국가가 가족이나 도시 공동체보다 더 직접적인 결정권을 쥐고 있는 것 같습니다. 달리 표현하면, 가족이 중요하다고 하지만 실제로는 이 나라 전체가 더 큰 가족과 같다고 하겠습니다.

**식사도 여행도 철저하게 공동체 질서를 위해**

가족보다 집단 단위로 생활이 이루어지는 측면을 가장 잘 드러내 주는 것이 식사 관련 사항입니다. 우리는 보통 집에서 가족끼리 밥을 먹지요. 그런데 이 나라에서는 가족끼리 식사하는 일이 거의 없고, 집단 급식이 정상입니다. 구마다 회관이 있어서 공동 식사를 한다고 하네요.

> "구마다 따로 널찍한 회관이 있는데, 각각의 회관들은 같은 거리만큼 떨어져 있고 모두 특별한 이름을 가지고 있습니다. (……) 각각의 회관마다 30가구가 배정되어서, 이곳에서 공동 식사를 합니다. 한쪽에 15가구, 또 다른 쪽에 나머지 15가구가 식사를 하는 것입니다."(81)

우리 식으로 말하면 동네마다 있는 마을 회관에 모여서 밥을 먹는 겁니다. 날이면 날마다 온 가족이 마을 회관에서 급식을 먹으면 어떨까요? 이 나라 철학으로 보건대 그 급식의 질이 아주 좋을 것 같지는 않습니다만…….

아이들이 밥 먹는 것도 특이합니다.

"5세부터 결혼 연령까지의 아이들은 식탁에서 시중을 들든가, 아직 그럴 정도의 나이와 힘이 되지 않는 경우에는 조용히 어른들 곁에 서 있습니다. 이 아이들은 식탁에 앉은 사람들이 건네주는 것들을 받아먹을 뿐 이들만을 위해 따로 음식을 준비하지는 않습니다."(82~83)

요즘 우리나라에서는 어린아이들을 과보호하는 게 문제라고들 이야기하는데, 이 나라에서는 오히려 반대네요. 아이들에게 줄 밥을 따로 준비하지 않고, 옆에서 시중이나 들며 서 있다가 어른들이 건네주는 것만 먹게 한다고 합니다. 여러분은 아마 이렇게 생각하겠죠. '불쌍한 유토피아 아이들…….'

사실 이것은 『플루타르코스 영웅전』에 나오는 스파르타의 관습입니다. 참고로, 오늘날 우리에게는 '군국주의적인' 스파르타보다는 '민주적인' 아테네가 더 이상적인 사회로 보이지만, 예전에는 공동체 질서와 윤리를 철저하게 지키며 사는 스파르타가 오히려 많은 지식인들의 지지를 받았습니다. 스파르타 교육 철학에 따르면, 아이가 강건하게 자라나도록 유약한 보육 방식을 버리고, 자신이 먹을 것을 스스로 알아서 챙겨 먹으라고 가르칩니다. 아이가 조금 더 자라면 그다음에는 알아서 '훔쳐 먹도록'

하고, 들키면 심한 매질을 했습니다. 모두 전투 상황에 대비하여 평소에 보급을 확보하는 훈련을 시킨다는 의도라고 합니다. 다행히 유토피아에서는 음식을 훔쳐 먹게까지 하는 정도는 아니군요.

또 한 가지 특징은 식사 때 청년과 노인이 교대로 앉도록 자리를 배치하는 겁니다.

"양편에는 청년들이 앉고 다시 이들 양편에는 노인들이 앉는 식으로, 청년과 노인이 교대로 앉습니다. 그래서 나이가 비슷한 사람들끼리 앉으면서도 전체적으로는 다른 연배의 사람들이 섞여 앉게 되는 것입니다. 그들의 설명에 따르면 노인들의 권위와 그에 따른 존경심을 이용해서 젊은이들의 적절치 않은 언동을 막자는 것이 그 이유라고 합니다. 사방에 노인들이 앉아 있기 때문에 식탁에서 하는 말과 행동이 속속들이 알려진다는 것입니다. (······)

점심과 저녁 식사는 모두 도덕적 주제의 책을 읽는 것으로 시작하지만, 지루해지지 않도록 가급적 짧게 읽습니다. 노인들은 그 내용을 대화의 실마리로 삼되, 대화가 우울하거나 지루하지 않도록 노력합니다. 그리고 노인들은 대화를 독점하지 않고 젊은이들의 말을 들으려고 합니다. 사실 노인들은 일부러 젊은이들에게 말을 시켜서, 식사 시간의 자유로운 대화에서 저절로 드러나는 각 사람의 성격과 자질을 알아내는 것입니다."
(83~84)

### 유토피아의 공동 식사

유토피아 사람들은 모여서 함께 식사를 한다. 노인과 젊은 사람이
고루 섞여서 교양 있는 대화를 하며 식사한다. 그러나 이것은 사람들을
철저한 감시 체계 아래 두려는 것일 수도 있다.

이런 식사 자리 어떨까요? 내 솔직한 심정을 말하면, 이 점이 이 나라에서 가장 마음에 들지 않습니다. 노인들이 옆자리에 앉아 청년들의 이야기를 유심히 듣고, 또 자꾸 말을 걸어서 사람들의 성격과 자질을 파악하려 합니다. 바로 옆에서 식사하며 인성을 평가하시는 노인들한테 밉보이면 인생 괴로워지겠네요. 도덕적 주제의 책을 읽으며 식사를 해야 하는 것도 마음에 걸리고요. 소화 불량이 되기 십상일 듯합니다.

여행은 어떤가요? 이론상 여행을 할 수는 있습니다. 그런데 반드시 집단으로 여행해야 하며, 여행을 하려면 이 나라 원수, 곧 우리나라의 대통령이나 국회의장에 해당하는 사람에게서 허가서를 받아야 합니다. 그리고 여행을 떠나면 그곳에서 마음대로 노는 게 아니라 그 동네에 있는 자기 직종 가게로 가서 일하게 되어 있습니다.

그러니까 여행하지 말라는 말이나 마찬가지네요. 청와대 가서 여행 허가증 받고 떠나야 하느니 차라리 여행 안 하고 말지요. 그러니 어느 날 갑자기 '바다가 보고 싶어.' 하면서 무작정 기차 타고 동해안으로 가는 일은 이 나라에서 꿈도 못 꿉니다. 그런 식으로 행동했다가는 영 꼴이 말이 아니게 됩니다. 만일 그렇게 행동하면 어떤 일이 벌어지는지 아래 설명을 보세요.

"누구든 허락 없이 자기 구역을 벗어났다가 원수의 허가증 없
이 잡힌다면 경멸을 받고 탈주자로 간주되어 잡혀 와서 엄한

처벌을 받습니다. 대담하게도 이런 일을 두 번째 저지른 사람은 노예로 만듭니다. 자기 구역 내에서 이리저리 다니며 자세히 구경하려는 사람은 그것을 못하게 막지는 않으나 우선 자기 아버지의 허락을 받고 아내의 동의를 얻어야 합니다. 하지만 그가 시골 지역 어디를 가든 오전 일과 혹은 오후 일과 분량의 일을 하지 않는 한 음식을 받지 못합니다. 사정이 이렇기 때문에 마음대로 여행할 수 있으면서도 자기 집에 머물 때와 똑같이 사회에 유용한 일을 하게 되는 것입니다."(85~86)

위 인용문에서 '탈주자'라는 단어에 가슴이 철렁 내려앉네요. 허락 없이 여행하는 것은 '범죄' 행위라는 말이지요. 만일 그런 범죄 행위를 두 번 하면 노예 신세가 되고 맙니다. 허락 없이 동해 바닷가 갔다가 잡히고, 또다시 허락 없이 설악산 갔다가 잡혔으니, 당신에게 이제 평생 노예로 살아가는 형벌을 내림! 이거 좀 심하지 않은가요. '그렇구나! 여기는 일종의 수용소구나.' 하는 생각이 들 수 있습니다.

이곳 주민들은 자기 거처를 마음대로 떠날 수 없습니다. 그렇게 떠돌아다니는 것은 사회에 이롭지 않다고 보는 거지요. 당시 사회에서 최악의 사태가 유랑민이 증가하는 일이었습니다. 자기가 속한 집단에서 자기가 할 일을 제대로 해야 인간의 도리라는 것이 그 시대의 보편적인 생각이었습니다. 그런 생각이 작품에 반영되어 마음대로 떠돌아다니는 행위를 엄금하는 것으로 보입니다.

그래도 그렇지, 다른 지방도 아니고 자기 사는 구역 내에서 돌아다니며 구경하려 해도 아버지와 부인의 허락이 필요하다는 건 지나친 듯합니다. 일하지 않고 돌아다니면 마을 회관에 찾아간들 밥도 안 나옵니다. 그러니까 자기 사는 곳에 콕 눌러앉아서 정해진 자기 일이나 열심히 하라는 뜻이네요. 따라서 우리가 이야기하는 개인주의라는 것은 이 나라에 없습니다.

## 마치 하나의 가족과 같은 사회

이 사회의 여러 특징을 보았는데, 어떤 느낌이 드나요? 여러분이라면 이 나라의 성격을 어떻게 규정하겠습니까?

나는 이 나라의 가장 큰 특징을 단적으로 '가부장제'라고 표현하고 싶습니다. 이 말은 지금 우리에게 썩 좋은 의미로 받아들여지지 않지만, 모어를 비롯한 그 시대 사람들에게는 결코 나쁜 의미가 아니었습니다. "이 섬 전체는 마치 하나의 가족 같습니다."라는 것이 이 나라를 자랑스럽게 설명하는 내용입니다.

이 말을 잘 생각해 봅시다. 섬 전체가 가족과 같다는 말은 실제 가족은 큰 의미가 없다는 뜻이기도 합니다. 모든 주민들이 마을 회관에 모여서 밥 먹고 가족 구성도 국가가 마음대로 바꿉니다. 그러니까 작은 규모의 내 가족을 넘어서는 이 나라 전체라는 '큰 가족'이 더 중요하지요. 가족의 가치가 아주 강하다고 하는데, 실은 그 원리를 확대 적용해서 가족을 마음대로 해체하고 조정하고 있습니다. 개개인의 행복, 우리 가족의 행복이 아니라 더 큰 가족, 즉 국가 전체 단위로 행복을 추구하기 때문입니다. 그 속에 사는 동안 내가 하고 싶은 일을 내 마음대로 하면 안 되고 공동체 전체의 규율을 엄수해야 합니다.

가부장제라는 게 늘 좋거나 늘 나쁜 것은 아니겠지요. '따뜻한' 가부장제가 될 수도 있고 '살벌한' 가부장제가 될 수도 있으니, 어느 방향으로 가느냐가 관건일 테지요. 하여튼 유토피아에서는 나라 전체가 한 가족처럼 화목하게 살아가는 것을 추구합니다. 어른들이 나서서 가족 질서를 잘 유지하듯 나라 전체의 질서를 바로잡지요.

이번에는 정치를 살펴보겠습니다. 30가구당 한 명의 관리를 뽑는데, 이 관리들이 모여서 원수(Princeps, 일인자 또는 최고 지도자)를 선출합니다. 원수는 종신직으로, 일종의 선출된 왕과 같아 보입니다. 다른 공직자들은 임기가 1년입니다. 한편 원로원*이나 민회,** 원수 등에 관한 언급이 있는 것을 보면, 단정할 수는 없지만 유토피아의 정치 체제는 고대 로마의 제도와 비슷해 보입니다.

이 나라 정치에 관한 사항 중 한 가지 특기할 점이 있습니다.

---

* 고대 로마에서 나라의 법을 만들고 지도자에게 자문을 하던 기관으로, 국내 정치와 외교를 실질적으로 이끌었다.
** 고대 그리스나 로마에 있던 정기적인 시민 총회. 그리스에서는 국가의 의사를 결정하는 최고 기관이었으나, 로마에서는 원로원의 제약을 받았다.

"원로원이나 민회 바깥에서 공무에 관해 논의하는 것은 사형에 해당하는 중죄입니다. 이런 규칙을 만든 이유는 원수와 트라니보루스*가 공모해서 정부를 바꾸고 인민들을 노예화하려는 의도를 막기 위한 것이라고 합니다."(71)

갑자기 사형 이야기가 나옵니다. 공공의 일을 사적으로 논의하는 것을 사형에 처할 정도로 엄격하게 금하고 있습니다. 이 나라에서 가장 중요한 원칙은 공공성입니다. 개인의 이익을 추구하는 정치를 피하고 공익을 지키고자 하는 것이 이 나라의 절대원칙으로 보입니다. 권력의 사유화 현상, 즉 공공을 위해 작동해야 하는 힘을 일부 집단이 독점하는 것을 막기 위해 사형이라는 극단적인 조치를 취하고 있습니다. 그만큼 공공성이라는 것이 이 나라의 핵심 원리이자 결코 어겨서는 안 될 중요한 가치라는 점을 알 수 있습니다.

이 나라 공무원들은 다른 나라 관료나 정치인과는 다르다고 설명합니다. 쉽게 말해서 공무원과 일반 시민의 관계는 마치 아버지와 가족 간의 관계와 비슷합니다.

"공무원들은 결코 오만하거나 접근하기 힘든 인물들이 아닙니다. 그들은 통상 '아버지'라고 불리고 또 실제 아버지처럼 행동

* 108쪽에 나온 필라르쿠스와 같은 말로 부족장을 뜻한다.

합니다. 공무원들이 존경을 억지로 강요하지 않아도 시민들이 자발적으로 존경을 표합니다. 원수라도 의복이나 왕관으로는 일반 시민과 구분되지 않습니다. 그는 다만 곡물 한 단을 들고 가는 것으로 구분되는데 이는 고위 성직자가 밀랍 초로 구분되는 것과 유사합니다."(118)

이때 곡물은 경제적 안정과 번영을 나타내고 초는 사려 분별의 능력을 뜻한다고 하네요. 이렇게 상징적으로 공무원의 권위를 높여 줄 뿐, 다른 시민들보다 차별적으로 위세를 드러내게끔 하지는 않습니다. 아무튼 계속 강조되는 점은 이 나라 전체가 하나의 큰 가족과 같다는 것이고, 지도나 행정을 맡은 공무원들도 집안 어른 비슷한 방식으로 일한다는 것입니다. 이 나라 전체가 가부장적이라고 한 뜻을 알겠지요?

또 이런 특징을 보여 주는 것 중 하나가 형벌 관련 사항입니다. 원로원은 개별 범죄의 가볍고 무거운 정도에 따라 그에 상응하는 벌을 정합니다. 그런데 범법 행위가 너무 위중해서 공개 처벌을 해야만 공공의 이익에 더 적합하다고 판단되는 경우가 아니라면 남편이 아내를, 그리고 부모가 아이를 처벌한다고 합니다. 가족은 국가 같고, 국가는 가족 같습니다. 경범인 경우 가족 내에서 처리하는 게 그런 맥락에서 가능합니다.

## 유토피아의 관료

유토피아의 관료는 일반 시민과 같은 복장을 입는다.
다만 경제적 안정과 번영을 뜻하는 곡물 한 단을 들고 다닌다.
이는 상징적으로 권위를 나타낼 뿐이다. 유토피아의 관료는
아버지로 불리고 실제 아버지처럼 다스린다.

## 부족한 노동력을 보충하는 노예

유토피아에서 가장 눈에 띄는 특징 하나는 노예의 존재입니다. 어떠어떠한 잘못을 저지르면 노예가 된다는 사항을 우리는 벌써 여러 번 봤습니다. 일반적으로 중범죄는 노예형으로 다스립니다. 이것이 사형보다 범죄 예방에 효과적이고, 또 국가에 도움이 된다고 보는 거지요. 히슬로다에우스의 설명에 따르면 다음과 같습니다.

> "노예는 범죄가 결코 득이 될 수 없다는 사실을 항구적으로 그리고 시각적으로 상기시켜 주는 효과가 있습니다. 노예들이 자신의 처지에 불만을 품고 봉기한다면 마치 막대기나 사슬로 길들일 수 없는 짐승을 그렇게 하듯이 즉각 사형에 처합니다. 그러나 노예가 참을성 있게 행동하면 아무런 희망 없는 상태로 두지는 않습니다. 오랫동안 고역을 치름으로써 그들이 벌을 받는 이상으로 참회하는 모습을 보인다면 원수의 사면에 의해서건 혹은 국민 투표에 의해서건 노예 상태를 경감하거나 완전히 해방시켜 줍니다."(117)

이런 설명을 보면 노예는 인간의 자격을 박탈당하고 짐승처럼 취급받는 존재입니다. 사면 가능성을 언급하긴 해도, 원수의 사면이나 국민 투표를 거쳐야 한다는 단서 조항에 더 무게가 실린 것 같습니다. 이상 국가라고는 하지만 정말로 모든 사람이 편안하게 살아가는 것이 결코 아니라는 점을 이보다 더 잘 보여 주는 것도 없을 듯합니다. 시민들은 모두 한 가족처럼 사는데, 어떤 이유에서든 그 '가족 테두리'를 벗어나면 시민의 권리 정도 가 아니라 인간으로서의 권리를 박탈당하고 노예로 떨어지는 거지요. 그것을 보더라도 이 나라는 사람들이 자기 마음대로 할 수 있는 곳이 아니라 정반대로 규칙을 철저하게 준수해야 하는 곳입니다. 역시 법률가가 만든 이상향답네요!

그런데 누가 노예가 되는 걸까요? 노예에도 여러 종류가 있 습니다.

첫째, 다른 나라와 전쟁하다가 사로잡은 포로들을 노예로 삼 습니다. 요즘 같으면 국제법상 위법입니다. 전쟁 포로는 학대하 지 말아야 하며 전쟁이 끝나면 협정에 따라 석방하는 게 타당하 지, 이렇게 노예로 삼아 부려먹는 것은 옳은 방식이 아닙니다. 역시 그 시대의 실상이려니 생각해야겠지요. 그런데 이렇게 포 로가 되어 유토피아에서 노예로 살다가 만일 자식이 생기면, 그 아이들도 노예인가요? 자세한 설명은 없지만 "노예의 자식들이 자동적으로 노예가 되는 것은 아니"(112)라고 하는 것을 보면 역 시나 신분 또는 계급으로서 노예가 아니기 때문에 아이들은 자 유인이 되는 것으로 해석해야겠지요. 조선 시대 노비들은 그 자 식들도 계속 노비 신세를 면치 못했다는 점과 비교해 볼 수 있 겠습니다.

둘째, 자기 나라에서 사형 선고를 받은 외국인입니다. 그리고 이 부류 사람들이 훨씬 많다고 합니다. "가끔 유토피아 사람들은 그런 노예를 아주 저렴한 가격에 혹은 아예 무상으로 넘겨받아 데리고 옵니다. 이 노예들은 늘 족쇄를 채우고 일을 시킵니다."(112) 이런 설명을 보면 야비하다는 느낌을 지울 수 없습니다. 말하자면 다른 나라 죄인을 공짜로 또는 아주 저렴하게 들여와 요긴하게 착취하는 셈이지요.

셋째, "다른 나라의 빈민 출신으로 스스로 원해서 유토피아에 노예로 온 사람들입니다. 그런 사람들은 가외의 일을 약간 더 한다는 점만 빼면 거의 시민과 같은 정도로 잘 대접을 받습니다. 그런 일이 자주 있지는 않지만 혹시 이 사람들 중 누군가가 자기 나라로 되돌아가려고 한다면 그것을 막지 않으며 빈손으로 보내지도 않습니다."(112) 완전한 노예는 아니지만 노동력을 혹독하게 착취당하는 불쌍한 사람들입니다. 저임금 노동에 시달리는 외국인 노동자가 떠오르네요.

이렇게 자국 내에서 중범죄를 저지른 사람과 여러 이유로 외국에서 들어온 사람들이 노예로 생활하고 있습니다. 추측건대 외국에서 들여오는 노예 노동자들이 꽤 많을 것으로 보입니다. 이 노예들이 하는 것은 힘들고 더러운 일, 대표적으로 백정의 일이라고 하네요. 그렇다면 이 나라는 노예제 사회인가요?

여기서 우리는 조금 세밀하게 구분할 필요가 있습니다. 이 나라가 '노예 소유 사회'인 것은 맞지만 '노예제 사회'는 아닙니다. 노예제 사회라고 할 때는 일반적으로 노예들이 생산의 가장 중요한 주체가 되어야 합니다. 즉 노예들이 거의 모든 일을 하고 주인이 그 결과물을 착취하는 체제여야 합니다. 그러나 이 나라에서 사회생활과 경제생활의 주체는 시민이고, 노예는 어디까지나 보조적인 역할을 할 뿐입니다. 다만 천한 일을 맡아서 하고 있지요. 그러므로 이 나라에서는 노예가 계급은 아닙니다.

이런 점을 토대로 우리는 이 나라가 노동력이 남아도는 것은 아니라는 점을 알 수 있습니다. 허구의 세계이므로 기계가 엄청나게 좋아서 하루 두세 시간이면 다른 나라에서 일주일 걸리는 일을 다 한다는 식의 공상적인 해결책을 내놓을 법도 한데, 그러지 않는 걸 보면 이 작품은 아주 현실적입니다. 어떻게 해서든 이 사회를 유지하는 데 필요한 일을 사회 내에서 여러 사람들의 노력을 통해 해결해야 합니다. 그러려면 노동력이 빠듯한 형편에서 분명 보조 일꾼들이 필요할 테고, 특히나 사람들이 꺼리는 3D 업종(힘들고[Difficult] 위험하고[Dangerous] 더러운[Dirty] 일들)을 맡아서 할 사람들이 필요한 거죠. 그것을 외국인을 노예로 삼아 해결하겠다고 하니, 사실 가혹한 발상입니다.

이 점만 봐도 이곳이 우리가 통상 상상하는 이상향은 분명 아닙니다. 모든 사람이 두루 행복한 것이 아니라 비참한 상태에 있는 노예가 있고, 일반 시민도 자칫 잘못하면 노예로 떨어지며 노예가 되지 않으려면 규칙을 엄격하게 지켜야 합니다.

# 이상 국가?
# 악당 국가?
# 8

**전쟁이 의롭지는 않지만, 피하지는 않는다?**

이 작품이 정말로 당대 현실을 많이 반영했다는 점을 여러 곳에서 확인할 수 있는데, 국제 관계가 특히 그렇습니다. 저자인 토머스 모어가 고위 정치인으로서 외교 관련 업무도 수행했고, 유럽 정세에 밝았기 때문입니다. 그 시대 국제 정세와 관련해 작심한 듯 말하는 대목이 있습니다. 아래 인용문을 보세요.

"유럽에서는 어느 곳에서나 조약의 권위가 신성불가침한 것으로 여겨져 잘 지켜지는 편이고 특히 기독교권에서는 더욱 그러합니다. 그 이유는 우선 국왕들이 모두 정의롭고 덕성스럽기 때문이지만, 동시에 교황에 대해 사람들이 존경과 경외감을 가지기 때문이기도 합니다. 교황 자신이 성실히 이행하지 못할 일은 결코 약속하지 않을뿐더러, 각국의 통치자들에게 어떤 방법으로든 그들이 한 약속을 지키라고 명령합니다. 만일 누군가가 그 점에 항의한다면, 교황은 종교적인 제재와 강력한 비난을 통해 약속을 지키도록 만듭니다. 특별히 '성실한 신자'라고 불리는 사람이 자신이 한 엄숙한 약속을 지키지 않으면 더욱이나 불명예스러운 일이라는 교황의 선언은 정말로 타당합니다."(121)

표면적으로는 칭찬하는 말 같지만 분위기상 비꼬아 힐난하는 느낌이 들지요? 16세기 초에 유럽 국가들은 조약을 무시하고 약속을 깨는 것을 식은 죽 먹듯 하곤 했습니다. 각국 왕들은 물론이고, 심지어 알렉산더 6세(1431~1503)나 율리우스 2세(1443~1513) 같은 교황들은 그보다 더 심했습니다. 교황 알렉산더 6세는 이탈리아 내에서 자신의 지위를 굳건히 하기 위해 한편으로 프랑스 국왕 샤를 8세를 부추겨 나폴리 왕국을 공격하게 하고, 다른 한편으로 자기 아들(교황이 첩들을 두고 자식들을 얻기까지 했습니다!)과 나폴리 왕의 손녀를 결혼시켜 나폴리 왕국과 동맹을 강화하는 이중 정책을 폈습니다. 교황 율리우스 2세는 베네치아와 외교 갈등이 생기자 프랑스, 신성 로마 제국, 아라곤 왕국을 끌어들여 '신성 동맹'을 맺었습니다. 실제 목적은 베네치아를 위협하는 것이지만, 교황이 주도했기 때문에 이런 이름이 붙었지요. 교묘하지요? 이 시기가 바로 마키아벨리의 시대 아닙니까?

각 나라는 서로 상대를 속이는 외교를 하고, 그러다가 상대의 힘이 약하다고 판단하면 전쟁을 일으켜서 굴복시키려고 합니다. 이런 행태를 두고 토머스 모어가 강하게 비판하지요. 그런 저자가 이상적이고 모범적인 국가를 그리고 있으니, 과연 어떤 식으로 국제 관계를 이끌어 갈까 궁금해지네요. 전쟁은 무조건 피하고 오직 정의로운 길만 가는 걸까요?

그렇지는 않습니다. 이 작품에는 전쟁을 언급하는 내용이 많이 나옵니다. 언급하는 정도에서 그치는 게 아니라 지나치다 싶을 정도로 전쟁을 많이 해서, 이 나라 사람들은 전쟁광이 아닐까 하는 생각이 들 정도입니다. 전쟁은 의롭지 않은 일이므로 되도록이면 하지 않으려 하지만, 그렇다고 피하지도 않는다는 투입니다. 말은 그렇게 멋지게 하는데, 실상은 다릅니다.

우선 전쟁은 인간에게 어울리지 않는 짐승 같은 행위라고 비난합니다. 라틴어로 전쟁은 벨룸(*bellum*)인데, 그 어원이 짐승을 뜻하는 벨루아(*belua*)에서 나왔다고 하면서 전쟁을 비난하는 거죠. 그러나 사실 이 어원 설명이 맞지는 않습니다. 이른바 민간 어원설이라는 건데, 다음 설명을 봅시다.

"그들은 전쟁이 오직 짐승들에게나 걸맞은 행위지만 다른 어느 짐승보다 사람들이 더 자주 저지르는 행위라고 생각하며 경멸합니다. 세계의 다른 어느 민족과 달리 그들은 전쟁에서 얻은 영광만큼 영광스럽지 않은 것은 없다고 봅니다. 그러면서도 그들은 필요한 경우에 대비하여 정해진 날에 모든 남녀가

군사 훈련을 합니다. 그들은 오직 합당한 이유가 있을 때에만 전쟁을 합니다."(123)

내용이 이상하지요? 전쟁은 해서는 안 되는 경멸적인 일이로되, 필요한 경우 서슴지 않고 하겠다는 것입니다. 합당한 이유가 있으면 말예요. 그러면 그 합당한 이유라는 게 무엇인지가 중요하겠지요. 자, 이 나라는 어떤 명목으로 전쟁을 하는지 봅시다. 아래 인용문을 꼼꼼하게 읽어 보세요. 유토피아가 전쟁하는 이유로 드는 것들입니다. 앞으로 설명하겠지만, 그 설명을 읽기전에 여러분이 이 나라의 전쟁 문제에 대해 자기 견해를 스스로 정리해 보세요. 고전 읽는 연습을 해 보는 겁니다.

"그것(전쟁을 하는 이유)은 자국 영토의 수호, 적군의 침입을 받은 우방 국가의 보호, 그리고 폭정과 예속의 압박을 받는 민족의 해방 같은 것입니다. 인간적인 동정심을 발휘하여 유토피아인들은 우방 국가가 직면한 당장의 위험에서 지켜 줄 뿐 아니라 그들이 과거에 당했던 피해에 대해 원수를 갚아 주기도 합니다. 그러나 그것은 우선 우방국과의 협의를 통해 전쟁의 대의를 확인하고, 당사국에게 사과를 요구했으나 거절당했을 때에만 가능합니다. 바로 그럴 경우에만 전쟁을 선포할 수 있다고 봅니다. 이런 마지막 조치는 우방 국가가 침략 당했을 때만이 아니라, 그 나라 상인들이 외국에서 불합리한 법률로 인

해 피해를 보았을 때에도 해당합니다."(123)

여러분 생각에 전쟁하는 이유가 합당해 보이나요? 하나씩 차례로 살펴봅시다.

먼저, 자기 나라 영토 수호야 두말할 나위 없이 타당한 요인입니다. 외국군이 공격해 왔을 때, 자기 나라 시민과 영토를 지키기 위해 전쟁을 하는 거야 당연한 일입니다.

그런데 그다음부터가 문제입니다. 우방 국가가 침입을 받았을 때 그 나라를 지켜 주겠다는 것이지요. 한미 상호 방위 조약 같은 것을 맺은 건가요? 북한이나 중국 등 이웃 나라가 대한민국을 공격하면 미국은 대한민국을 위해 싸우고, 마찬가지로 캐나다나 멕시코 같은 나라가 미국을 침략하면 대한민국이 전쟁에 개입해서 침략국을 무찔러 준다는 약속이지요. 현실 정치에서야 그럴 수 있다고 치더라도 이상 국가인 유토피아가 이런 목적을 위해서 전쟁을 벌이는 것이 과연 합당한지 슬슬 의심이 들기 시작합니다.

### 다른 나라의 피해를 대신 앙갚음해 준다?

여기까지는 그나마 그들의 주장을 어느 정도 인정할 수 있을 것 같습니다. 그런데 그다음부터는 생각이 복잡해지네요. 어떤 나라가 폭정과 예속의 압박을 받기 때문에 그 나라에 쳐들어가서 해방시켜 준다고 하니까요. 만일 우리 이웃 나라가 독재자의 학정에 시달린다고 합시다. 인류애라든지 인권 문제 등을 거론하며 외교적으로 압박하는 것까지는 몰라도, 우리나라가 군대를 이끌고 가서 독재 정권을 무너뜨리고 해방시켜 주는 것이 과연 잘하는 일일까요?

그다음은 문제가 더 심각합니다. 우방 국가의 현재 위험이 아니라 과거에 당한 피해에 대해서까지 복수해 준다고 하는군요.

갈수록 태산이라더니, 그다음 사항은 더욱 기묘해 보입니다. 우방 국가 상인들이 외국에서 피해를 입었을 때 그것을 해결하기 위해 전쟁을 대행해 준다는 것입니다. 예를 들어 일본 상인들이 필리핀에서 사기를 당해 파산했다고 가정해 봅시다. 그러면 우방국 상인을 위한답시고 우리가 필리핀에 가서 전쟁을 벌이는 것이 맞나요?

저자 토머스 모어는 이 마지막 사항에 대해 친절하게도 가상의 국가들 이야기를 만들어 설명해 두었습니다.

"얼마 전에 알라오폴리트인들에 대해 네펠로게트인들이 투쟁을 벌였을 때 유토피아인들이 그들을 도와 전쟁을 개시한 것은 다름 아닌 이런 까닭에서였습니다. 유토피아인들이 볼 때, 알라오폴리트에 거주하는 네펠로게트 상인들에게 정의를 핑계로 부정의가 저질러졌습니다. 그 다툼의 옳고 그름이 어땠든지 간에 이것은 곧 격렬한 전쟁으로 발전하여 이웃 국가들도 전력을 다해 개입했고, 모두 증오를 품게 되었습니다. 번영을

구가하던 여러 나라들이 완전히 폐허가 되었으며 그렇지 않은 나라들도 큰 피해를 입었습니다. 전쟁 전에는 비교가 안 되게 약세였던 네펠로게트인들이 결국 알라오폴리트인들을 패배시키고 이들을 노예화하였습니다."(124)

이것은 정말 흥미로운 사례입니다. 우선 두 나라는 분명 가상의 나라지요. 알라오폴리트는 '땅이 없는 나라', 네펠로게트는 '구름에서 태어난 나라'라는 뜻이므로 둘 다 실제 나라가 아니고, 이 모든 것은 우리 머릿속에서 일어난 일이라는 점을 밝혀 놓은 셈입니다. 아무튼 한 나라 상인들이 다른 나라에서 잘못된 법의 적용으로 피해를 입었습니다. 그러니까 히슬로다에우스의 표현에 따르면 정의라는 이름으로 부정의를 저지른 나쁜 행위라는 거지요. 그렇기 때문에 두 나라 사이에 전쟁이 벌어졌고, 여기에 이웃 나라들까지 개입하여 국제 갈등의 판이 커진 것입니다.

이때 유토피아는 이 싸움에 개입해서 배트맨이 악당 혼내 주 듯 원래 잘못을 저지른 국가를 공격하여 패배시키고, 그 결과 패전국 시민들은 모두 노예가 되어 끌려갔습니다. 이 사태를 두고 히슬로다에우스는 "이처럼 유토피아인들은 단순히 금전적인 문제라 하더라도 그들의 우방에게 피해가 가는 경우에는 극심하게 응징을 가합니다."(124)라는 설명을 덧붙입니다.

극심한 응징? 뭔가 잘못 돌아가고 있는 거 아닌가요?

두 나라 사이에 금전 문제로 분쟁이 일어났는데, 한쪽이 법

〈범죄자를 쫓는 정의와 복수〉

피에르 폴 프루동, 1808

햇불을 손에 든 정의의 여신과 칼을 손에 든 복수의 여신이 범죄자를 쫓고
있다. 범죄자에게 정의의 이름으로 복수해야 한다는 내용이 담긴 그림이다.
그러나 죄에 대한 처벌이 아닌 복수를 외치면 파괴적인 문제가 생길 수
있다. 『유토피아』는 정의를 세우겠다며 앙갚음하는 일을 조롱한다.

대로 하자면서 잘못된 법을 강요했다는 거지요. 이제 잘못을 바로잡겠다며 유토피아가 나섭니다. 그래서 불의한 국가를 극심하게 응징했는데, 이는 유토피아 시각에서 보면 정의를 바로잡은 거지요. 결과적으로 원래 잘못을 저지른 국가는 완전히 초토화하고 국민들은 노예가 되어 끌려갔습니다.

이것이 올바른 일이라 할 수 있을까요? 오히려 유토피아야말로 극단적 정의라는 이름으로 극단적 불의를 행한 셈 아닙니까? 금전 문제로 시작된 이웃 나라들 사이의 분쟁에 끼어들어 끝내 한 나라를 멸망시키고 온 국민을 노예로 전락시켰으니까요. 정리하면, 정의의 이름으로 불의를 저지른 국가(알라오폴리트)에 대해 유토피아가 다시 극단적 정의의 이름으로 극단적 불의를 저질렀다고 할 수 있습니다. 이야기가 조금 복잡해졌습니다만, 이해하겠지요? 이것은 자기 자신의 주장을 스스로 뒤집어엎는 흥미로운 사례입니다.

### 정의로 시작해 은근슬쩍 불의로 가는 서술

그런데 이 문제에 대해『유토피아』1부에서 이미 강하게 비판했다는 사실, 기억하나요?

호전적인 군주가 계속 전쟁을 일으켜서 나라를 망치는 것이 심각한 문제이고, 그래서 어떻게 해서든 이 문제를 해결해야만 국민들이 편안하게 살 수 있다는 주장을 편 것을 기억할 겁니다. 바로 아코리아라는 '부분적 유토피아' 국가 사례를 들면서 설명했지요(81~82쪽 참조). 앞에서 거론했던 내용을 다시 살펴볼까요?

아코리아라는 나라의 군주가 이웃 나라를 병합하자 전쟁이 계속 일어납니다. 아코리아 사람들은 이 나라 사람들을 위해서건 아니면 이 나라 사람들에 대해서건 전쟁을 해야 했고 국민들은 늘 무거운 세금에 시달렸지요. 결국 국민 전체가 경제적으로뿐만 아니라 도덕적으로 파탄에 빠집니다. 그래서 참다못한 국민들이 국왕에게 압력을 넣어 한 나라만 선택하도록 만들었다고 했습니다. 그런데 세상의 모든 문제를 완벽하게 해결한 것처럼 이야기되는 유토피아가 사실은 앞서 비판했던 문제와 똑같은 짓을 저지른 것입니다.

왜 이런 결과를 가져왔는지 생각해 봅시다.

우리는 아주 조심스럽게 책을 읽을 필요가 있습니다. 유토피아가 전쟁을 벌이는 합당한 이유라고 제시한 것들을 차례대로 다시 살펴봅시다. 첫째는 자국을 침범한 외국군과 전쟁을 벌이는 것이었지요. 이건 누가 봐도 합당한 이유입니다. 둘째는 적국의 침입을 받은 우방 국가의 영토 수호입니다. 조금 께름칙하지만 그럴 수 있다고 생각합니다. 셋째는 폭정으로 고생하는 이웃 나라의 해방입니다. 정의로운 것처럼 보이지만 해서는 안 될 일입니다. 넷째는 우방국이 과거에 당했던 피해에 대한 복수입니다. 여기부터는 절대 해서는 안 될 일이지요. 그리고 마지막은 이웃 국가의 금전적 피해를 대신 갚아 주는 목적의 전쟁 행위로,

상식적으로 있을 수 없는 일입니다. 처음에는 합당한 이유로 서술을 시작하지만, 결국에는 정의롭기는커녕 지극히 부당한 이유를 대며 끝맺습니다.

모어의 사악한 유머 감각을 아시겠지요? 모어의 말을 곧이곧대로 따라가다 보면 어느새 그의 음흉한 덫에 빠지고 맙니다. 독자들은 지극한 정의가 지극한 불의가 되는 과정을 자기도 모르게 쫓아가게 되지요.

## 전쟁에서 교활한 수법도 마다하지 않는 유토피아

앞서 말한 내용을 보면 유토피아는 매우 호전적이라는 느낌을 지울 수 없습니다. 이들은 승리를 위해 그야말로 온갖 저열하고 교활한 수법을 다 동원합니다. 다시 이야기하지만, 저자가 말하는 이런 내용을 문자 그대로 믿어서는 안 됩니다. 저자가 이상 국가를 제시한다면서 왜 이처럼 반대되는 성격으로 그리는지 신중하게 생각해 봐야 합니다.

"그들이 매복에 더 능숙한지 아니면 적의 매복을 피하는 데 더 능숙한지는 말하기 어려울 정도입니다. 그들이 후퇴를 결정했을 때는 적이 전혀 눈치채지 못하게 행합니다. 만일 그들의 수가 열세여서 공격이 힘들 때, 혹은 지형이 불리할 때에는 밤에 적이 눈치채지 못하게 책략을 써서 몰래 이동해 버립니다. 낮에 후퇴해야 하는 경우에는 점진적으로 그리고 아주 질서 정연하게 움직이므로, 적으로서는 유토피아의 군대가 공격 중일 때와 마찬가지로 이처럼 후퇴할 때에도 그들을 공격하는 것이 어렵습니다."(131~132)

중세 유럽에는 기사도라고 하여 무인들 사이에 지켜야 할 도리 같은 것이 있었습니다. 그에 따르면 뒤에서 공격하는 행위, 더군다나 매복 같은 것은 그야말로 해서는 안 될 천한 일입니다. 그러나 전쟁하면서 그런 한가한 이야기나 하면 안 되겠지요. 이 시기에 이르면 기사도 따위는 이미 옛일이 되고 말았습니다. 전쟁에 나서면 일단 승리하기 위해 최선의 노력을 다해야겠지요.

유토피아인들도 마찬가지입니다. 전쟁에 임하는 이들의 태도는 이러합니다.

"일단 전쟁에 돌입하게 되면, 이전에 가능한 한 전쟁을 피하는 데 신중했던 만큼이나 싸움에서 용감해집니다. 초기에는 그렇게 용맹하지 않으나 전투가 지속될수록 점점 과단성을 더해 가고 끈질기고도 강력한 저항을 합니다. 그들의 정신은 아주 강건해서 전장에서 밀리느니 차라리 죽음을 선택하려 합니다. (……) 또 어릴 때부터 모범 사례들과 애국주의의 원칙에 따른 교육을 받고 자라서 더 큰 용기를 내는 것입니다. 그들은 생명을 아무렇게나 던져 버릴 정도로 값싸게 생각하지도 않고, 그렇다고 전쟁에서 항복하게 되었을 때 수치스럽게 목숨을 구걸

할 정도로 연연해하지도 않습니다."(130)

또 이런 대목도 있습니다.

"그들이 전장으로 갈 때 목표로 삼는 유일한 일은, 만일 적이 애
초에 양보하고 넘겨주었다면 아예 전쟁이 일어나지도 않았을
바로 그 대상물을 확보하는 것입니다. 하지만 그것을 얻지 못하
는 경우에는 그들에게 손해를 끼친 자들에 대해 가혹한 복수를
해서 두 번 다시 같은 일을 감행하지 못하게 합니다."(125)

이건 솔직히 깡패들의 논리를 연상시킵니다. 상대를 어중간
하게 때리면 다음번에 또 도전하니까, 처음에 아예 확실하게 혼
내 줘서 두 번 다시 대들지 못하게 만들어 놓는 거지요. '가혹한
복수'는 이상 국가보다는 악당 국가에 어울리는 말 아닐까요?
심지어 이 나라에는 여군까지 존재합니다. 당시로서 이것은
아주 파격적인 일입니다.

"누구도 자기 의사에 반해서 해외에 파병되는 일이 없는 것과
마찬가지로, 여성들도 원하면 남자들과 함께 군대에 복무하는
것을 막지 않습니다. 여성들의 참전을 금하지 않는 정도가 아
니라 오히려 장려하고 또 칭송합니다. 여성들은 전선에서 남편
들 옆에 배치됩니다. 그리고 그 주위에 자식들과 친척들을 배

치해서, 자연히 서로 도울 수밖에 없는 사람들끼리 서로 협력하도록 만듭니다. 배우자 중에 한편만 살아 돌아온다든지, 아들이 아버지를 잃고 돌아오는 경우 비난을 피하지 못합니다. 그 결과 적이 계속 버티면 격렬한 육박전이 오랫동안 지속되어서 때로는 모든 사람이 전멸하기도 합니다."(129)

정말 호전적인 국민이라고 하지 않을 수 없습니다. 가족애라는 것이 정말로 귀중한 가치라고 강조하더니, 그걸 전쟁에 써먹는군요. 남편 옆에서 싸우는 아내, 아버지 앞에서 싸우는 아들, 이렇듯 가족애는 호전적인 애국심으로 돌변합니다. 이렇게까지 해야 하나 싶네요. 암만해도 이건 에라스뮈스보다는 마키아벨리를 연상시킵니다. 이 점은 특히 전쟁에서 교묘한 술수를 쓰라고 권장하는 대목에서 더욱 두드러집니다. 무력으로 싸워 이기는 것보다는 속임수 같은 것으로 싸워 이기는 것이 더 유리할 뿐 아니라 더 영광스럽다고까지 말합니다.

"만일 교묘한 술수로 적을 물리친 경우 그들은 대단히 기뻐하고 그 승리를 공공연히 축하하며 그 훌륭한 업적을 기리는 기념비를 세웁니다. 그들은 이 행위야말로 진정 인간다운 덕성을 발휘한 결과로서, 다른 어느 동물에게도 불가능하고 오직 인간에게만 가능한 승리라고 칭송합니다. 이성의 힘으로 거둔 승리니까요. 곰, 사자, 멧돼지, 늑대, 개 등등의 동물들은 육체를 가지고 싸웁니다. 그것들은 모두 인간보다 힘과 용맹성에서 더 우월합니다. 그러나 인간은 지혜와 이성으로 동물들을 능가하지 않습니까."(125)

말은 참 그럴듯한데, 그 실상은 교활하기 짝이 없습니다. 그 교활함을 인간의 이성이라는 말로 치장합니다만, 이때 이성은 무슨 수를 써서라도 목적을 달성하는 데 사용되는 저급한 이성이라고 하겠습니다. 인간이 진정 이성적인 존재라면 동물처럼 싸우는 대신 평화를 이루어야겠지요. 그 이성을 오히려 전쟁의 수단으로 쓰라고 하니, 정말 역설의 극치입니다. 그 구체적인 방식을 보면 다음과 같습니다.

"전쟁이 일어나면 그들은 곧바로 비밀 요원들을 시켜서 적국의 여러 곳에 유토피아 국가의 공식 인장이 찍힌 플래카드를 눈에 잘 띄게 걸어 둡니다. 여기에는 그들의 왕을 죽이는 자에게 거액을 지불한다는 내용이 적혀 있습니다. 그 외에도 여러 사람들 이름을 거명해 놓고 이들을 살해한 사람들에게는 왕보다는 적지만 역시 상당한 거액을 약속합니다. 그들은 왕 다음으로 전쟁 발발에 책임이 있는 자들입니다. 명단에 오른 사람을 생포해 오는 경우 상금은 두 배가 됩니다. 그 명단에 올라 있던 사람 자신이 자기 동료를 잡아 오는 경우에도 역시 똑같은 상금을 주고 신변을 보호해 줍니다. 그 결과 유토피아의 적국 주민들은 곧 서로를 의심하게 됩니다. 그리고 상황이 위험해지면 곧 공황 상태에 빠집니다. 그들은 왕을 비롯해서 많은 사람들이 바로 그들이 믿는 사람들에게 자주 배신당했음을 잘 압니다. 이처럼 뇌물이 범죄를 일으키는 데 아주 유효하다는 것은 잘 알려져 있습니다. 그래서 유토피아인들은 거액의 상금을 아낌없이 씁니다. 그들의 비밀 요원들이 얼마나 큰 위험을 감수하는지 잘 알기 때문에 상금은 위험에 비례하여 증가합니다. 그래서 거액의 금만이 아니라, 우방 국가 영토 안의 아주 안전한 장소에 소재한 토지도 약속하며 나중에 실제로 약속한 것들을 반드시 이행합니다."(126)

이건 정말 저급한 방식으로 보이네요. 덕을 숭상하는 고상한 국가와는 거리가 멀어도 한참 먼 이야기입니다. 물론 이런 일들이 실제 국가들이 행하는 방식이겠지요. 문제는, 그와는 전혀 반대의 이상 국가를 이야기하는 글에서 이런 내용이 나온다는 점입니다. 저자 스스로도 이런 행태에 대해 "세계 어느 곳에서나 저질의 인간들이 행하는 비열한 행위로서 비난받습니다."(126)라고 말합니다. 그렇지만 "유토피아인들은 오히려 이것을 현명하면서도 자비로운, 훌륭한 정책으로 간주합니다."(126) 하고 주장합니다. 왜 똑같은 일을 놓고 판단 기준이 달라야 하는지 이해가 되지 않습니다.

히슬로다에우스는 실제 전쟁을 치르지 않고서도 승리를 얻으며, 소수 죄인들을 희생시킴으로써 많은 무고한 사람들의 목숨을 구하는 것이니 좋은 일 아니냐고 항변합니다.

더 나아가서 그는 이런 식으로 이야기하네요.

"만일 암살 계획이 실패로 끝나면, 왕의 동생이나 여타 귀족들이 왕권을 노리도록 불화를 부추깁니다. 이런 내부적인 불화가 가라앉으면 다음에는 적국의 주변 국가들이 그동안 잊고 지냈던 과거의 지배권을 되살려 냄으로써 싸움을 선동합니다."(127)

이쯤 되면 유토피아는 현실 국가보다 오히려 더 사악한 국가라 해도 과언이 아닙니다.

### 궤변을 늘어놓는 이유는?

그런데 토머스 모어는 정말 이런 사실을 잘 모르고서 글을 쓰고 있을까요? 그렇지 않습니다. 그는 일부러 이런 '욕 얻어먹어 마땅한' 글을 쓰고 있습니다. 일부러 이런 내용의 글을 써서 눈 밝은 독자가 스스로 비판적인 사고를 하게끔 부추기려 한다고 봐야 할 겁니다.

그렇게 볼 수 있는 근거가 뭐냐고요? 『유토피아』의 1부에서 히슬로다에우스가 한 말을 되새겨 보면 알 수 있습니다. 그는 일종의 예고처럼 지금 언급되는 이런 술수들을 궁정인들의 저열한 짓이라고 비난했습니다. 자신이 평화와 정의를 주장해도 국왕과 보좌관들이 그의 말을 안 듣고 전쟁과 간사한 꾀로만 기울기 때문에 정치에 간여하지 않겠다는 것이 그의 주장이었죠. 그토록 비난하던 바로 그 모습들이 유토피아에서 고스란히 구현되고 있으니, 참으로 역설적이라 하지 않을 수 없네요. 적어도 국제 관계 측면에서 보면 유토피아는 디스토피아 국가와 전혀 다를 바가 없습니다. 어쩌면 더 심하다고 할 수도 있겠어요.

아울러 또 한 가지 흥미로운 점을 지적할 수 있습니다. 유토피아는 자기 나라 시민들의 생명을 구하기 위해 용병을 고용한다는 점입니다. 앞으로 살펴보겠지만, 이 나라에서 금과 은은 시민들이 갖고자 하는 물품이 아닙니다(170~175쪽 참조). 사람들의 선한 활동에 방해가 되기 때문이지요. 그래서 이 나라에 금과 은이 넘쳐납니다. 이것을 용병을 고용하는 데 주저 없이 사용한다는 것입니다. 특히 이 나라에서 많이 고용하는 용병은 자폴레타 사람들로, 자폴레타는 '바쁜 장사꾼'이라는 뜻입니다. 실제 어떤 나라 사람을 가리키는지 아래 설명을 보고 한번 맞혀 보기 바랍니다.

"유토피아에서 동쪽으로 5백 마일 떨어진 이 나라 사람들은 드세고 야성적이며 용맹스럽습니다. 그들이 자라난 환경은 거칠고 험한 숲과 산지입니다. 이 사람들은 어떤 집에서 살든 혹은 무엇을 입든 개의치 않고 아무런 사치를 모르며, 더위와 추위, 힘든 일을 잘 참는 강인한 민족입니다. 그들은 농사 대신 목축을 합니다. 그들 대부분은 사냥과 도둑질로 연명합니다. 이들은 타고난 전사로서 늘 전투를 고대하고 있습니다. 다시 말하면 기회가 있을 때마다 싸움에 뛰어드는 것입니다. 이들 가운데 많은 사람들이 자기 나라를 떠나서 전사를 필요로 하는 사람 누구에게나 싼값에 고용됩니다. 그들이 생계를 유지하기 위해 할 수 있는 유일한 기술이 바로 살인입니다."(127~128)

정말 사악한 인종으로 그려지지요? 이 살인자 집단이 어느 나라 사람을 가리키는지 혹시 짐작이 갑니까?

잘 몰랐던 사람은 놀랄지 모르겠지만, 이는 스위스 사람을 가리킨다고 보는 것이 정설입니다. 오늘날 스위스는 무척이나 아름답고 평화로운 나라이며, 그곳 사람들은 모두 풍요롭고 평화롭기 그지없는 삶을 삽니다. 그런데 이게 어찌 된 일인가요. 이들이 그렇게 사악한 악당 용병으로 나오다니요.

사실 스위스인은 중세와 근대 초에 이르기까지 유럽에서 가장 많이 고용되던 용병이었습니다. 스위스가 잘살게 된 것은 그리 오래된 일이 아닙니다. 옛날에 스위스는 몹시 가난한 산악 국가였습니다. 곡물 농사가 잘 안 되는 산악 국가이다 보니 당장 먹는 문제를 해결하기 힘든 어려운 상황에 빠지기 십상입니다. 고지대는 눈이 많이 내리는 탓에 겨울 내내 완전히 고립되기도 합니다.

이런 조건에서 젊은이들이 생계를 해결하는 한 가지 방법이 외국에 용병으로 팔려 가는 것입니다. 돈 때문에 목숨 걸고 전투에 나간다는 점에서 욕을 먹기도 하지만, 아무튼 누가 스위스군을 자기편으로 고용하느냐가 전쟁에서 승리하는 중요한 열쇠이던 때가 있었습니다. 이들은 자신을 고용한 편을 위해 정말로 목숨 걸고 치열하게 싸운 것으로 유명합니다. 그런데 『유토피아』에는 이 사람들이 실제보다 훨씬 더 사악하게 그려져 있네요.

"그들은 자신에게 돈을 지불하는 고용인을 위해 용기와 충성을 다해 싸운다고 하지만, 정해진 기간 내내 그런 것은 아닙니다. 오늘 싸우는 적이 내일 돈을 조금 더 준다고 하면 곧바로 그쪽 편으로 가서 싸우기도 하고, 그다음 날 원래 고용주가 돈을 더 준다고 하면 다시 돌아오기도 합니다.

　전쟁이 일어났을 때 이들이 양쪽 편 모두에서 싸우는 경우도 비일비재합니다. 피를 나눈 친척 혹은 오랫동안 함께 전투를 벌인 전우가 양편에 갈라져서 맞서는 일이 매일 일어납니다. 그러면 지난날의 혈연이나 동료 관계는 깨끗이 잊고 격렬하게 서로 싸우는데, 그 이유는 다름 아니라 양쪽 왕이 지급하는 얼마 안 되는 돈을 얻기 위해서입니다. 그들은 너무나도 돈을 탐내기 때문에 약간만 돈을 더 준다고 해도 금세 편을 바꾸려고 합니다. 그들은 탐욕에 사로잡혀 있지만, 그렇게 피를 흘려 가며 번 돈을 추잡한 일들에 탕진해 버리므로 결국 손에 쥐는 것은 하나도 없게 됩니다."(128)

## 스위스 루체른의 사자상

프랑스 왕실 호위병으로 고용되었던 스위스 군인들이 프랑스 혁명
당시 봉기한 파리 시민들에게 몰살당한 사건을 기념한 작품이다.
활을 맞고 죽어 가는 사자의 표정이 애처롭다. 과거 스위스
사람들은 돈을 받고 전쟁에 참여하는 일이 많았다.

아주 가혹한 평가지요? 그렇다면 이 사악한 '어둠의 자식들'을 대하는 유토피아의 태도는 어떻습니까?

"자폴레타인들은 다른 어느 나라 사람들보다 많은 돈을 지불하는 유토피아를 위해 기꺼이 싸우려고 합니다. 유토피아인들은 옳은 일에 옳은 사람들을 선택하는 데에도 힘쓰지만 이처럼 나쁜 일에는 나쁜 사람들을 골라서 이용합니다. 전쟁이 일어나면 이들은 큰돈을 미끼로 해서 자폴레타인들을 가장 위험한 곳으로 내몰아 버립니다. 자폴레타인들은 워낙 많이 전사하므로 약속했던 돈을 찾으러 오지 않는 경우가 많지만 살아 돌아온 사람에게는 충실히 약속을 지켜서 거액을 지불해 줍니다. 그래야 다음에 다시 고용할 수 있으니까요. 유토피아인들은 자폴레타인들이 얼마나 많이 죽든 상관하지 않습니다. 오히려 이 구역질 나고 사악한 인간들이 지상에서 완전히 멸종되어 마땅하다고 생각합니다."(128~129)

무정하기 짝이 없는 서술입니다. 인용문의 마지막 부분은 좀 너무한다 싶을 정도입니다. 그런데 돈 받고 싸우는 사람만 사악하고, 돈으로 사람을 사서 전쟁에 내몬 사람들은 비판받지 않아도 되는 건가요? 돈이 자칫 사악한 결과를 가져오므로 시민들이 돈을 아예 쓰지 못하게 해 놓고서 정작 국가는 그 돈을 아주 천한 일, 가장 사악한 일에 쓰고 있습니다. 본래 천한 물건이니 천한 곳에 쓴다는 게 그들의 논변입니다. 얼핏 생각하면 맞는 말 같지만, 잘 생각해 보면 어처구니없는 궤변입니다.

또 전쟁이 끝나면 패전국에서 배상금까지 확실하게 받아 챙깁니다.

"전쟁이 끝나면 그 비용을 걷되 동맹국이 아니라 정복당한 적국에게 부과합니다. 한편으로 배상금 명목의 돈을 받아서 앞으로의 전쟁 비용으로 준비하고 다른 한편으로 토지를 받아 내서 풍부한 소득원으로 삼습니다. 이런 식으로 얻은 땅이 여러 나라에 걸쳐 있고 그 양이 조금씩 늘어나서 이제 그로 인한 소득이 연 70만 두카트*에 달합니다.

이 재산 관리를 위해 재정 담당관들을 해외에 파견합니다. 그들은 현지에서 중요한 인물로 대접받으며 아주 화려한 생활을 하는데, 그러고도 거액이 남아서 공공 금고에 보관하기도 하고 때로는 정복당한 나라에 돈을 빌려주는 일도 자주 있습니다. 필요한 경우 이 돈을 회수하지만 그동안 빌려준 돈을 전액 환수하는 경우는 흔치 않습니다. 앞에서 언급했듯이 이런 토지 재산의 일부는 전쟁에서 큰 위험을 감수한 사람들에게 나누어 줍니다."(133~134)

---

* 두카트는 당시 국제 무역에서 많이 쓰던 베네치아 공화국의 화폐다. 70만 두카트는 현재 가치로 정확하게 얼마인지 계산할 수는 없으며, 이 문맥에서도 다만 많은 금액을 가리킨다.

아주 전형적인 제국주의 국가를 보는 느낌입니다. 제국주의 시대(19세기 말~20세기 초)에 강대국들은 전쟁을 일으키고는 모든 잘못을 상대 나라에 뒤집어씌워 막대한 배상금을 물리곤 했습니다.

돈만이 아닙니다. 땅도 많이 빼앗는다고 서술되어 있네요. 다른 곳에서는 이 나라가 남의 나라 땅을 빼앗아 어떻게 이용하는지 설명하는 내용이 나옵니다. 자기 나라 인구가 너무 늘어나 땅이 부족해지면 남의 나라 땅을 빼앗아서 주민을 이주시킨다는 겁니다. 다음 구절을 보세요.

"만일 이 섬 전체 인구가 정해진 수보다 많아지면 각 도시에서 일정한 수의 사람들을 모집한 다음, 본토(유토피아 섬이 아닌 대륙)에 원주민들이 경작하지 않는 빈 땅이 많은 곳을 골라 식민지를 건설하고 그 사람들을 보냅니다. 이 식민지에서는 유토피아인들과 함께 살려는 원주민들을 받아들입니다. 그런 식으로 합병이 되면 양쪽 사람들이 서서히 융화되어서 같은 생활 방식과 관습을 공유하게 됩니다. 그러면 양측 모두에게 이익이 됩니다. 왜냐하면 유토피아인들은 땅이 매우 황폐하고 지력이 약해서 원주민들이 살기에도 힘들었던 곳에서 두 나라 사람들이 살기에 충분한 곡물을 생산하기 때문입니다.

하지만 만일 원주민들이 유토피아의 법에 따라 살려고 하지 않으면 그들을 내쫓아 버리며, 또 그들이 저항하면 전쟁을 벌입니다. 유토피아 사람들은, 땅을 경작하지 않은 채 방치하면서도 다른 사람들이 자연 법칙에 따라 그 땅을 이용하는 것을 방해하는 사람들에게 전쟁을 선포하는 것은 전적으로 정당하다고 봅니다."(79)

이것은 우리가 보통 이야기하는 식민주의 또는 제국주의의 주장과 똑같습니다. 남의 나라를 빼앗으면서 "이건 너희들에게도 행복이야."라고 말하는 셈이지요. 우리나라가 일제에 강제로 병합됐을 때 우리가 기뻐하고 행복해했던가요? 마지막에 언급한 내용을 보세요. "너희가 너무 게을러서 땅을 놀리고 있으니까 너희는 이 땅을 가지고 있을 권리가 없어." 하고 말하는 것과 같은 논리지요. 옛날 아메리카 대륙에 들어간 유럽 제국주의자들의 논리가 바로 이런 것이었습니다. 신이 부여한 귀중한 땅을 원주민들이 이용하지 않고 내버려 두므로 우월한 종족의 사람들이 그 땅을 이용해야 한다는 것입니다. 자기 나라 이익을 위해 남의 나라 땅을 빼앗으면서, 그때 전쟁을 벌이는 것은 전적으로 정당하다고 주장합니다. 참 뻔뻔스러운 주장이지요?

이 구절 다음에 나오는 내용도 생각해 볼 문제입니다.

"만일 어떤 이유에서든 한 도시의 인구가 급격하게 줄어서 다른 도시 주민들을 데려와 충원해야 하는데 이때 자칫하면 인구를 유출시킨 그 도시마저도 기반이 무너지게 될 수 있습니

다. 사태가 이런 정도가 되면 식민지 주민들을 도로 불러들입니다."(79)

남의 땅을 정복해서 그곳에 식민지를 건설한 것은 그렇다고 칩시다. 그러다가 자기네 나라에 인력이 필요해지면 아무런 주저 없이 자기네 사람들을 도로 빼 온다고 하네요. 그러면 그 지역 경제나 사회는 어떻게 되는 건가요? 갑자기 사람들이 떠나고 나면 그곳은 급작스럽게 황폐해지지 않을까요? 유토피아인들은 그런 점은 전혀 고려하지 않고 순전히 자기네 이익만 최우선으로 생각하고 행동합니다.

이 점에 대해 어떻게 생각해야 할까요? 토머스 모어는 국제 평화 같은 문제에는 전혀 관심이 없고 오직 자기 나라 이익을 위해 다른 나라를 얼마든지 괴롭히고 약탈하는 악마 같은 전략가라고 볼 수도 있지 않을까요?

분명 저자는 여기에서 역설적으로 글을 쓰고 있다고 봐야 할 것입니다. 저자는 『유토피아』 1부에서 왜 현실 세계가 이토록 힘든지, 그 원인이 무엇인지 논하면서 군주의 호전적인 정책을 비판했습니다. 그래 놓고 유토피아를 아주 호전적인 국가로 묘사합니다. 우리가 살펴본 내용만으로 판단한다면 유토피아는 거의 군국주의 국가이고, 전형적인 제국주의 국가라고 해야 마땅합니다. 누가 봐도 이상 국가와는 거리가 멀지요.

토머스 모어가 이런 식으로 글을 쓰는 것은 분명 어떤 저의가 있다고 봐야겠지요. 이상 사회 또는 이상 국가를 건설한다는 것이 얼마나 어려운 일인지, 또 그런 일들이 자칫 얼마나 모순적인 결과를 초래할 수 있는지 잘 생각해 보라는 의도가 분명합니다.

# 이상 사회의 핵심, 여유 시간! 9

## 국가의 관리 아래 모두 공평하게 일하기

이제 대외 관계보다 이 나라의 내부를 집중해서 보도록 합시다.

이 나라 주민들은 어떤 일을 하고 살까요? 물론 그 시대 상황을 반영했으니 농업이 가장 중요하겠지요. 대부분의 주민들은 곡물 농사에 종사합니다. 곡물은 빵 제조용으로만 쓴다고 명시하고 있습니다. 음료수로는 포도주, 능금주, 배술, 아니면 그냥 물을 마신다고 설명합니다. 뭐가 빠졌나요? 막걸리나 맥주 같은 게 없지요. 그러니까 곡물은 모두 빵을 만들고, 술 만드는 것은 금지한 것입니다. 과도한 음주가 문제를 일으키는 점도 고려했겠지만, 분명 곡물 부족에 대비한 조치라는 것을 알 수 있습니다. 실제로 옛날에 식량이 부족할 때는 국가가 맥주 제조를 금지하곤 했습니다.

이 점을 보면 이 나라가 생산성이 무제한으로 높지 않고 곡물을 근근이 자급자족하는 나라라는 것을 알 수 있습니다. 그러고 보면 『유토피아』는 정말로 현실적인 상상에 속합니다. 나중에 나온 프란시스 베이컨의 작품 『새로운 아틀란티스』에는 엄청난 생산성을 바탕으로 물자도 풍족하고 부족함이 전혀 없는 나라가 묘사되어 있습니다. 과학 기술이 발전하기 시작한 시대의 기대가 반영된 것이겠지요. 그러나 토머스 모어 시대만 해도 물자 부족 문제를 손쉽게 해결한다는 것은 터무니없는 상상이었을 겁니다. 그러니까 시민들이 절제를 통해 물자 부족 문제에 대처하고 있는 것입니다. 따라서 유토피아는 분명 '욕망 충족'의 이상향이 아니라 '욕망 억제'의 이상향이지요.

시민들은 농사 외에 한 가지 일을 더 배운다고 합니다.

"농업 외에 두 번째 직종의 일을 배우는 데는 남녀 구분이 없습니다. 여성은 힘이 약하므로 모직이나 아마포 생산 같은 가벼운 일을 맡고, 힘이 많이 드는 일은 남성이 맡습니다. 대개 어린이는 자기 아버지의 일을 이어받습니다. 그 일에 자연스럽게 이끌리기 마련이니까요. 하지만, 만일 아이가 다른 직업에 마음이 가면 그 직종에 종사하는 사람의 가정에 입양되어서 일을 배웁니다. 그런 경우에는 아이의 아버지와 당국은 그 아이가 신중하고 책임감 있는 가장에게 맡겨지도록 최선을 다합니다."(72~73)

위의 인용문에서 보듯 이 나라에서는 아버지 일을 아들이 배우는 게 원칙입니다. 그런데 만약 다른 일을 하고 싶다면 다른 사람 집에 입양되어 일을 배울 수도 있습니다. 누가 그렇게 정하나요? 아버지와 국가가 정한다고 되어 있습니다. 여기에서도 이 나라 전체가 가부장적이어서 실제 아버지와 국가라는 제2의 아버지가 서로 통한다는 것을 알 수 있습니다. 아버지가 아들을 통제하듯 국가가 일반 시민들의 노동을 규제합니다.

"시포그란투스(공무원, 관료)의 주요 임무 내지는 거의 유일한 임무는 아무도 빈둥거리며 나태하게 지내지 않고 모두가 맡은 바 일을 열심히 하도록 관리하는 것입니다. 그렇지만 동시에 어느 누구도 이른 아침부터 밤늦게까지 짐승처럼 혹사당하는 일이 없도록 주의합니다. 그런 비참한 상태는 노예보다 더 나쁘지만, 사실 유토피아만 제외하고 거의 모든 나라 사람들의 운명이 그렇지 않습니까. 유토피아 사람들은 하루 24시간 중에 6시간만 일에 할당합니다. 이들은 오전에 3시간 일하고 점심을 먹습니다. 점심 식사를 한 후에는 2시간 정도 휴식을 취하고 다시 나머지 3시간 일을 하러 갑니다. 그 후에 식사를 하고 8시에 취침하여 8시간을 잡니다."(73)

이 나라 사람들이 그냥 열심히 일한다고 묘사하는 게 아닙니다. 정부 당국이 철저히 감시해서 아무도 빈둥거리지 않게 한다고 합니다. 모두 공동으로 일하니까 차별은 없지만, 글쎄요. 오늘날 우리가 보기에 이처럼 꽉 짜인 틀 속에서 하루를 보내는 건 너무 답답하게 느껴질 수도 있습니다. 어쨌든 그렇게 해서 이 나라 경제는 풍족하지는 않지만 넉넉한 생활이 가능한 것으로 보입니다.

이 나라에서는 통상 2년 치 물자를 비축한다고 설명합니다. 그리고 남은 물자는 수출해서 돈을 법니다. 수출품 가운데 7분의 1은 수입국 빈민을 위해 무상으로 제공한다고 하니 인도주의적인 면도 없지 않습니다. 그러고도 해마다 수출 초과로 많은 외환, 그러니까 많은 양의 금이 들어와 쌓입니다. 이것은 앞서 본 대로 용병을 고용하거나 적국을 매수할 때 씁니다.

### 모든 사람이 하루 6시간만 일하면……

이 나라 경제는 모어가 예상하는 대로 잘 운영될 수 있을까요?

기술 수준이 그리 높지 않던 시대에 사람들이 6시간만 일하고도 전 국민의 식량을 충분히 해결할 수 있느냐가 관건이겠지요. 저자 스스로 그런 질문을 제기한 뒤 그가 내놓은 계산은 이렇습니다. 현실 사회에서는 무엇보다 전체 인구 중 실제 일하는 사람들의 비중이 너무 낮다는 것입니다.

"우선 인구의 절반을 차지하는 여성들이 거의 일을 하지 않습니다. 혹시 여자가 열심히 일하는 경우에는 남편이 빈둥거리곤 합니다. 그리고 성직자들이라든지 소위 종교인이라고 불리는 집단이 있습니다. 여기에 신사나 귀족이라고 불리는 지주들을 더해야 합니다. 그리고 그들에게 붙어먹고 살며 뻐기고 돌아다니는 깡패 같은 시종들도 있습니다. 마지막으로 힘 좋고 건장하면서도 병을 핑계로 일을 하지 않는 걸인들도 계산에 넣어야 합니다. 그러면 생각보다 훨씬 적은 수의 사람들이 생필품을 생산한다는 것을 알 수 있습니다."(75)

이렇게 놀고먹는 사람들이 모두 다 생산적인 일을 한다면 필수품뿐 아니라 편의품까지 충분하고도 남을 만큼 생산할 수 있으리라 기대합니다. 그의 말대로 된다면야 이 계산은 얼마든지 가능성이 있어 보입니다.

또 한 가지 고려해야 할 점이 있습니다. 실제 일하는 사람 중에서도 적지 않은 수가 사치품 생산에 종사한다는 것입니다. 사치품이란 솔직히 소수의 사람들만을 위한 물품입니다. 저자는 그런 상품은 쓸모없다고 단정합니다. 아래에서 보겠지만, 심지어 사치품은 인간의 진짜 행복을 저해하는 사악한 용도의 물자라고까지 비난합니다. 그러므로 사치품 생산에 종사하는 사람들까지 모두 곡물 생산에 투입하면 식량은 더더욱 큰 문제 없이 확보될 것입니다. 그러니까 이 사회의 중요한 원칙은 먹는 문제를 해결하는 데 당장 필요하지 않고 급하지 않은 물품은 가능한 한 수요를 억제하고, 필수품 생산에 모든 자원을 집중한다는 거지요.

이런 사회가 과연 바람직한지 아닌지 많은 논란이 일 수 있습니다. 무엇보다도 모든 사람들이 국가의 감시와 지도 아래 노동을 강요당하니 답답한 느낌을 지울 수 없습니다. 또 이 나라가 생산품 종류를 철저히 통제해서 필수품 생산에만 주력하다 보니 삶을 풍요롭게, 멋지게 해 줄 만한 물자가 없습니다. "나 같으면 그런 곳에서는 못 살 것 같아. 아이스크림도 안 만들 것 아냐? 내가 좋아하는 아기자기한 문구류도 없을 테고……." 이렇게 말할 사람도 많을 겁니다. 지금 우리로서는 그렇게 생각할 수 있지요.

그러나 이는 우리 생각이고, 그 시대로 돌아가면 판단이 달라질 수 있습니다. 모어가 생각하는 바탕에는 당시의 현실 사회가 있습니다. 생산성이 높지 않아 언제 기근이 닥칠지 모릅니다. 지난날 기근이 들이닥쳤을 때 얼마나 심각한 일이 벌어졌는지 많은 기록들이 증언합니다. 그중 한 가지만 보겠습니다.

기근이 전 세계에 퍼져서 전 인류를 죽음으로 몰아넣을 기세다. (……) 네발짐승과 새들을 다 잡아먹고 나서 사람들은 끔찍한 배고픔에 사로잡혀 죽은 짐승 고기를 비롯해서 아무 고기나 먹고 그 외의 어떤 더러운 것들도 다 먹어 치웠다. 어떤 이들은 나무뿌리와 수초를 먹어 죽음을 면해 보려고 했으나 소용이 없었다. 신의 분노를 피할 도리는 없었다. (……)

그 시기에, 오 불행이여, 기아의 광증은 인육을 먹도록 만들었다. 이것은 이전에는 거의 들어 본 적이 없던 일이다. 여행자들은 그들보다 힘센 사람들에게 잡혀서 몸이 절단되어 불에 구워졌다. 아사를 피하기 위해 이곳저곳 떠돌아다니던 사람들은 잠잘 곳을 마련했다고 생각하던 곳에서 밤에 맞아 죽어 결국 그곳 주인의 배를 채우는 역할을 했다. 수많은 사람들이 과일 한 개나 계란 한 개로 아이들을 으슥한 곳으로 꼬여서 죽인 다음 먹어 버렸다. 도처에서 시체를 파내어 요기를 하는 데 썼다. 이 미친 광기는 너무나 널리 퍼져서 버려진 동물들이 차라리 사람들보다 잡아먹힐 위험이 적었다. 마치 식인 풍습이 정상적인 관습인 것처럼 어떤 사람들은 투르뉘 시장에 인육을 갖고 와서 팔았다. 그 사람은 체포된 뒤에도 자신의 죄를 부인하지 않았으며 그래서 결박하여 화형에 처해졌다. 그 인육을 땅에 파묻었더니 다른 사람이 와서 파먹었다. 그 사람 역시 화형에 처해졌다.[*]

어떻습니까? 지옥이 따로 없지요. 옛날 기근이 닥쳤을 때 얼마나 끔찍한 일이 벌어졌는지 이해할 수 있을 것입니다. 이런 일이 어쩌다 한 번 일어난 것이 아니라 제법 자주 일어났습니다. 우리는 삼시 세끼 밥 먹는 게 당연하다고 여길지 모르지만, 그것은 식량 문제가 거의 해결된 21세기 대한민국처럼 한정된 시

[*] 1032~33년에 쓰인 글라베르 연대기, 맛시모 몬타나리, 주경철 옮김, 『유럽의 음식문화』, 새물결, 2001, 75~76쪽.

공간의 일이라는 점을 잊어서는 안 됩니다. 유럽의 고전 문화가 한참 융성하던 루이 14세(1638~1715) 시대 프랑스에서도 무려 250만 명이 굶어 죽은 해가 있습니다. 굶어 죽는다는 게 어떤 일인지 상상하기도 힘들지 않습니까. 그런데 정말로 그런 위험이 도사리고 있는 곳에 산다고 생각해 보세요.

모어가 『유토피아』를 쓰던 시기에 많은 농민들이 먹고사는 문제를 제대로 해결하지 못해 떠돌이 생활을 하다가 도시 빈민이 되고, 심지어 범법자가 되어 죽음으로 내몰렸다는 사실을 앞에서 거론하지 않았습니까. 그런 상황에서 이 책에서 설명하는 대로 모든 사람들이 하루 6시간 공평하게 일해서 먹는 문제를 함께 해결하는 게 어떠냐고 물어보면 아마도 많은 사람들이 공감을 나타냈을 겁니다. 적어도 경제적인 측면에서 보면 이것은 문자 그대로 이상향의 의미를 충분히 담고 있는 것이지요. 농민들은 "어쨌든 굶어 죽지는 않는단 말이지? 나 당장 그 나라에 가서 살고 싶다네!" 하고 말했을 겁니다.

이처럼 우리는 해당 시대로 돌아가 생각할 필요가 있습니다. 모두 함께 일하고 모두 함께 나누어 가지므로 과부족이 없고 일단 먹는 문제를 해결한다는 점이 결핍의 시대에 아주 중요한 덕성이라는 것은 이제 이해하고 넘어갈 수 있을 겁니다.

### 빈부 격차가 사라진 평등 사회는 어떻게 이룰 수 있을까?

그런데 이런 사회가 유지되려면 보통 이야기하는 정도 이상의 평등이 보장되어야 합니다. 우리가 흔히 말하는 평등은 대개 균등한 기회의 보장을 의미합니다. 말하자면 출발점이 같아야 한다는 뜻이지요. 100미터 달리기 경기를 할 때 누구는 40미터쯤 앞에 나가서 출발하고, 누구는 원래 출발선에서 50킬로그램 정도의 무거운 포대를 들고 출발해야 한다면, 경기는 하나 마나 아니겠습니까. 평등의 가치를 지키려면 무엇보다 교육의 기회를 공통으로 누려서 모두 개인의 능력을 키울 수 있게 해야 합니다.

그러나 문제가 여기에서 끝나는 게 아니지요. 사람마다 소질과 능력이 다르고, 운도 작용할 테고, 그러므로 설사 똑같은 지점에서 출발한다 해도 결과는 차이가 날 수 있습니다. 누구는 큰 부자가 되고 누구는 빈곤에서 헤어나지 못할 수 있습니다.

이제 이런 상황에서 어떻게 해야 하는지에 대해서는 사람들마다 생각이 다르겠지요. 기회를 똑같이 준 이상 결과의 차이는 어쩔 수 없는 일이라고 판단하는 사람도 있을 테고, 아무리 그렇다 해도 너무 큰 차이가 나면 정의롭지 않으므로 잘사는 사람이 얻은 부의 일부를 도로 내놓게 하여 가난한 사람을 도와야 한다고 판단하는 사람도 있을 겁니다.

유토피아는 이 가운데 두 번째 견해에 가깝습니다. 처음에 기회를 똑같이 주었다 해도 결국 차이가 생기고, 그러면 그다음 세대에 누구는 훨씬 유리한 조건에서 시작하고 누구는 훨씬 불리한 조건에서 시작할 거 아니냐, 이런 식으로 가다 보면 마침내 소수가 큰 부를 누리고 많은 사람들이 가난에 빠질 테고, 그중 일부는 극빈 상태에서 굶어 죽을 수도 있을 것이다, 그러니 기회의 균등뿐 아니라 결과의 균등까지 보장하는 것이 정의로운 일이다, 이런 논리가 되겠지요. 소수만 아주 잘사는 것보다는 모든 사람이 두루 잘사는 게 이상적인 사회라고 보는 것입니다. 즉 모든 국민이 다 같이 일하고, 그렇게 해서 얻은 수확물을 골고루 나누는 사회 체제를 만들자는 구상입니다.

물론 결코 쉬운 일은 아닙니다. 만일 조선 시대에 누가 이렇게 말했다고 상상해 봅시다. "왜 누구는 잘 먹고 누구는 굶어 죽습니까? 양반이고 상놈이고 가릴 것 없이 다 똑같이 논에 가서 하루 6시간 일하면 누구나 다 잘 먹고 살 수 있습니다. 모든 백성들이 다 소매 걷어붙이고 일하도록 합시다!" 이런 혁명적인 계획을 실현하기란 쉬운 일이 아닐 겁니다.

빈부 격차가 사라진 완전히 평등한 사회를 이루고자 한다면 어떻게 해야 할까요? 히슬로다에우스의 생각은 돈을 없애는 겁니다. 돈 때문에 빈부 격차가 더 벌어지고 사람들 사이에 지배 관계가 생겨나니 아예 없애 버리자는, 어찌 보면 혁명적이고 어찌 보면 순진하기 짝이 없는 생각이지요.

이와 관련해서 금은과 철 이야기를 살펴보겠습니다. 금과 철 가운데 어느 것이 더 가치가 높습니까? 이 문제는 예전에 경제학적 사고의 발전에서 아주 중요한 문제였습니다.

"사실 금이나 은보다 철이 훨씬 유용하다는 것은 누구나 잘 압니다. 불이나 물 없이는 살기 힘들듯이 철 없이는 살기 힘듭니다. 이에 비해 금과 은은 필수불가결한 기능을 가진 것은 아니지 않습니까. 몽매한 인간들이 금은을 소중하게 여기는 이유는 단지 그것들이 희귀하기 때문입니다. 가장 현명하고 너그러운 어머니인 자연은 공기, 물, 흙같이 사람들이 가장 필요로 하는 요소들은 도처에 마련해 주었지만 헛되고 무용한 물건들은 외진 곳에 감추어 둔 것입니다."(88)

그러나 실제 사회에서는 금이나 은이 훨씬 더 비쌉니다. 그 금속들이 희귀하기 때문에 가치가 높고, 그래서 화폐로 쓰인 거지요. 또 화폐로 쓰이기 때문에 사람들이 이 금속들을 찾고, 그래서 가치가 높아집니다. 이 고리를 끊어야겠지요? 화폐를 없애려면 사람들의 사고방식을 바꿔야 합니다. 그래서 유토피아에서는 금과 은보다는 철을 더 소중하게 여기고, 반대로 금과 은을 의도적으로 무시하게 만듭니다.

"그들은 값이 헐한 도기 접시와 유리잔으로 음식을 먹으면서 요강과 평범한 그릇 같은 것은 금과 은으로 만듭니다. 이것들은 모두 공공장소에서나 개인 집에서나 가장 저급한 기물들입니다. 노예들을 묶는 사슬이나 족쇄 역시 귀금속으로 만듭니다. 마지막으로 일평생 명예롭지 못한 행위의 표시를 달고 다녀야 하는 범법자들은 금귀고리와 금목걸이를 해야 하고 심지어 금관을 머리에 써야 합니다. 즉 이 사람들은 금과 은을 가능한 한 최대의 조롱거리로 만든 것입니다."(89)

요즘은 요강이라는 물건을 보기도 힘들어졌습니다. 조금 지저분하게 여길지 모르겠습니다만, 나도 궁금하여 언젠가 학교에서 수업할 때 학생들에게 "요강 사용해 본 사람 손들어 보세요." 했더니 한 반에서 겨우 한두 명만 손을 드는 것이었습니다. 옛날 집에는 '변소간'이 멀리 떨어져 있어서, 밤에 용변 보러 마당지나 깜깜한 그곳까지 가는 게 불편하기 짝이 없었지요. 그래서 방이나 마루에 요강을 두고 여기에 일을 본 다음 아침에 비우는 거예요.

어쨌든 요강이 대단한 물품은 아니죠? 기껏해야 오줌 받아내는 도구니까요. 우리는 옛날에 사기나 놋쇠로 요강을 만들었습니다. 그런데 유토피아에서는 요강을 금으로 만듭니다. 일부러 천한 곳에 금을 써서 금 자체가 천한 물질이라고 생각하게 만든다는 발상이지요.

이렇게 금과 은의 가치를 낮춤으로써 결과적으로 이 나라에서는 화폐를 아예 없애 버립니다. 화폐는 적은 양으로도 높은 가치를 지니는 물질입니다. 금은을 비롯한 화폐가 있으면 부를 얼마든지 쌓아 둘 수 있습니다. 그래서 부자들은 금은을 축적하여더 큰 부자가 됩니다. 반면 부자들이 부를 쌓을수록 가난한 사람들은 더 가난해집니다. 유토피아에서는 이런 현상을 아예 원천적으로 봉쇄해 버린 거지요.

이 또한 스파르타의 관습을 떠올리게 합니다. 스파르타에서는 화폐를 기다란 철 막대기로 만들어서 화폐 사용이 지극히 불편하게 했습니다. 시민 일부가 부자가 되고 오만해지면 공동체 전체의 균형이 깨질 수밖에 없으니, 이것을 근본적으로 막자는 아이디어입니다.

히슬로다에우스는 아네몰리우스라는 가상의 나라에서 온 사신 이야기를 하며 유토피아 사람들의 심성을 설명합니다. 어느 날 아네몰리우스에서 세 명의 대사가 찾아왔습니다. 이들은 자기 나라에서 하던 대로 수많은 장식물을 달고 화려한 색깔의 비단옷을 입고 100명의 수행원과 함께 위풍당당하게 입국했습니다. 설명을 그대로 옮기면 "이 대사들은 금박 옷을 입었고 금목걸이, 금팔찌, 금반지를 한 데다가, 모자에는 찬란한 진주와 보석을 줄줄이 달았던 것입니다."(90) 유토피아에서 노예들을 처벌하거나 범법자들을 모욕하는 데 쓰는 상징들로 잔뜩 치장한 셈이지요. 유토피아의 구경꾼들은 "가장 천한 하인들을 주인으로 여겨 절을 하는 반면 금목걸이를 한 대사들은 노예로 생각해서 전혀 경의의 표시를 하지 않고 지나쳤습니다."(91) 이처럼 유토피아에서는 가치의 기준이 완전히 바뀌어 있습니다. 실제 세계와 정반대되는 가치관을 국민들에게 심어 놓았기 때문이지요.

그렇다면 이 나라에서는 무엇이 가장 소중하고 아름다울까요? 금이나 다이아몬드 따위가 아니라 자연 그 자체입니다.

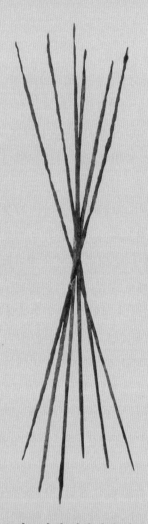

## 스파르타의 쇠막대기 화폐

스파르타는 화폐를 사용하기 무척 어렵도록 일부러 긴 쇠막대기로 만들어
교역 확대와 부의 축적을 억제했다. 나아가 스파르타는 금과 은을 소유하지
못하게 하기도 했다. 소수의 부자가 생기면 사회 갈등이 커지기 때문에
이를 막고자 한 것이다.

"유토피아인들은 하늘의 해나 별을 볼 수 있는데도 불완전하게 반짝거리는 작은 보석이나 돌멩이를 보고 기뻐하는 사람들에 대해 놀라움을 감추지 못합니다. 또 아주 고운 양모로 만든 옷을 입었다고 해서 자신을 고귀한 인사로 여기는 사람을 바보 취급하며 놀랍니다. 그들의 생각으로는 실이 아무리 섬세하다고 해도 그것은 결국 양털에 불과한 것입니다. 그 자체는 무용한 상품인 금이 도처에서 높은 가치를 부여받고, 또 그러다 보니 정작 사람 자신은 훨씬 낮은 가치를 부여받는 데 대해 놀랍니다. 그리고 말뚝만큼도 지성을 가지고 있지 않고 너무나도 타락한 바보가 단지 우연찮게 많은 금을 가지고 있다는 이유만으로 수많은 현명하고 선한 사람들을 지배한다는 사실을 잘 이해하지 못합니다."(92~93)

현실 사회에서는 별로 통하지 않을 것 같은 논리입니다. 사랑하는 사람에게 '다이아 반지' 끼워 주면서 사랑을 속삭여야 뭔가 일이 되지 "불완전한 작은 돌덩어리가 뭐가 아름답니? 밤하늘의 별을 보렴." 이러면 큰 도움이 안 될 겁니다. 우리는 유토피아에 사는 게 아니니까요.

이 나라 경제 사정을 정리해 보면, 우선 모든 국민이 똑같이 일해서 먹고사는 문제를 해결했다는 점이 큰 특징입니다. 사치라는 것은 원천적으로 금지되어 있습니다. 인간의 기본적인 필요는 충족하지만, 그 이상의 것은 아예 존재하지 않습니다. 그러니 더 많은 부를 얻겠다고 아등바등할 필요가 없습니다.

## 사람이 교양이 있어야지!

그런데 이 점만 이야기하면 절반밖에 설명한 게 아닙니다. 온 국민이 함께 일하는 조건으로 먹는 문제를 해결한 것은 물론 아주 중요한 일입니다. 그러나 그게 핵심이 아닙니다. 그보다 더 중요한 것은 일하고 남는 시간이 있다는 점입니다. 여유 있는 시간, 이거야말로 유토피아의 핵심입니다.

우리는 앞에서 행복 문제를 논하면서 경제적·물질적 요인과 정신적·영적 요인이 다 중요하며, 그 둘 사이의 균형과 조화가 이루어져야 한다고 이야기했습니다. 유토피아에서는 물질적인 문제는 해결했다고 보입니다. 그러면 이제 정신적·영적인 문제가 남아 있습니다.

사람이 짐승처럼 하루 종일 일만 해서는 안 됩니다. 사람은 밥을 먹어야 사는 존재지만, 그렇다고 밥 먹는 문제에만 모든 시간을 다 써 버리면 인간 이하의 존재가 되고 맙니다.

『유토피아』에는 '짐승처럼 일만 하는 노예' 같은 표현이 자주 나옵니다. 물론 일을 하는 게 중요하지요. 그래야 나도 먹고살고 우리 공동체 전체가 유지되니까요. 그러나 잠자는 시간 외에는 일만 해야 한다면 그야말로 짐승과 다를 바 없습니다. 노예란 바로 그런 상태로 떨어진 존재지요. 자신의 덕성을 키울 기회를 박탈당한 존재입니다. 유토피아에서는 범죄자들을 이런 인간 이하의 존재로 전락시킵니다.

그런데 일반적인 다른 모든 국가에서는 사회 체제 자체가 대다수 인간을 그런 노예 상태로 만들어 놓았다는 것이 모어의 판단입니다. 그러니까 하루 6시간 노동으로 먹는 문제를 해결하고 남는 시간이 생겼다는 것은 이제 그 시간을 이용해서 정말로 인간적인 가치를 구현할 수 있어야 한다는 의미입니다.

일하지 않는 시간에 이 나라 사람들은 무엇을 할까요?

우리 같으면 "각자 자유 시간!" 하고 개인에게 맡길 텐데, 벌써 짐작했겠지만 유토피아는 그런 나라가 아닙니다. 이들은 집단적으로 행복의 길을 추구하는 방식을 택했습니다. 히슬로다에우스의 설명에 따르면 이들이 여유 시간을 보내는 방식은 이렇습니다.

"일하거나 먹거나 잠을 자지 않는 나머지 시간은 자기가 원하는 대로 활용할 수 있지만, 다만 술 마시며 떠들거나 나태하게 시간을 낭비해서는 안 됩니다. 대개 이 시간에 자신이 즐겨 하는 일을 부지런히 하되 일반적으로는 지적인 활동에 주력합니다. 이 나라에서는 새벽에 공개 강의를 하는 것이 굳어진 관습입니다. 학문에 전념하는 학자들에게는 이 강의 참석이 의무지만, 다른 사람들도 기꺼이 이 강의에 참석합니다."(73~74)

할 수 있는 일 가운데 우선 지적인 활동이 있네요. 혹시 앞에 나온 설명에서 이 나라 사람들의 하루 일과를 눈여겨봤는지 모르겠습니다. 『유토피아』의 설명에 따르면 저녁 8시에 잠자리에 들어 8시간을 잔다고 하므로 새벽 4시에 일어납니다. 일은 오전 9시에 시작되므로 아침에 무척 많은 시간이 남습니다. 위의 인용문에서 새벽에 공개 강의에 참석한다고 되어 있는 것이 그런 점과 맞아떨어집니다. 그 시대에 대학에서는 아주 이른 아침에 강의가 시작됐는데, 첫 수업이 대개 오전 5시부터 7시 사이에 시작되었다고 합니다. 1교시를 새벽 5시에 시작하면 아침잠 많은 사람은 참 고달프겠네요. 아무튼 유토피아에서는 이 방식을 적용하여 사람들이 새벽에 공부하는 것으로 묘사하고 있습니다.

그러고도 여유 시간이 더 있습니다. 그 시간은 또 어떻게 보낼까요?

"보다시피 이 나라에서는 빈둥거리거나 시간을 허비할 길이 없으며, 일을 피할 방도가 없습니다. 술집이나 맥줏집, 매음굴이 없으니 타락할 기회가 아예 없는 셈이지요. 숨을 곳도 밀회를 할 공간도 전혀 없습니다. 만인이 주시하는 가운데 살기 때문에 일상적인 자기 일을 하든지 건전한 방식으로 여가를 즐길 수밖에 없습니다."(86)

국가가 단속을 철저히 해서 시민들이 아주 건전하게 살도록 만들어 준다네요. 그러지 않고 개인이 마음대로 하게 내버려 두면 온갖 종류의 '타락한' 오락에 빠지겠지요. 이 나라는 그렇게 하도록 내버려 둘 나라가 아닙니다. 하여튼 먹는 문제 해결하고 시간을 남겨 주는 것은 인간이면 의당 누려야 하는 고상한 그 무엇인가를 가능하게 하려는 조치일 테지요. 그게 무엇인지가 결국 이 나라가 정말 행복한 나라인지를 가늠하는 일이 될 것입니다.

# 행복을 위해
# 절제하라?

10

## 엄숙한 종교 원칙에 따라?

우리는 다시 행복의 문제로 돌아왔습니다. 이제 히슬로다에우스
는 아주 긴 지면을 할애하여 행복의 문제를 설명합니다. 어떤 사
회가 과연 행복한 사회, 이상적인 사회인지가 이 문제에 달려 있
으므로, 이 부분을 꼼꼼히 살펴볼 필요가 있습니다.

이 나라 사람들은 행복이 자기들 삶의 목표라고 분명히 말합
니다.

"그들은 덕과 쾌락을 논하지만, 그들의 주요 관심사는 인간의
행복이며, 행복이 한 가지로 이루어졌는지 여러 가지로 이루어
졌는지를 따집니다. 그들은 인간의 행복이 거의 대부분 쾌락으
로 이루어진다는 견해에 다소 과도하게 경도된 듯합니다. 더
놀라운 것은 그들이 진지하고 엄격하다 못해 가혹하고 엄숙한
종교를 통해 이 쾌락주의적 철학을 옹호한다는 점입니다. 그들

이 행복을 논할 때는 그들의 철학적 합리주의에 반드시 종교 원칙을 결부시킵니다. 이러한 종교 원칙 없이는 철학은 진정한 행복을 추구할 때 미약하고 불완전하다고 생각하는 것입니다."
(95~96)

그의 주장을 요약하면 행복이 삶의 가장 중요한 목표인데, 행복은 쾌락으로 이루어집니다. 그렇다면 열심히 쾌락을 추구해야겠네요. 그러나 지금까지 우리가 살펴본 유토피아 사회는 전반적으로 공동체 전체를 위해 개인의 욕망을 눌러야 하는, 꽤나 금욕적인 곳이지 않습니까? 그런데 이 나라가 추구하는 최고 가치인 행복의 요체가 쾌락이라고 하면 뭔가 맞지 않아 보입니다. 그러면 이들이 말하는 쾌락이 무엇이고, 그것이 어떻게 행복과 연결되는지 생각해 봐야겠지요.

위에서 말한 내용 중에 아이러니한 점이 또 있습니다. 진지하고 엄격하다 못해 '가혹하고 엄숙한 종교'를 통해 쾌락주의적 철학을 옹호한다고 합니다. 추구하는 것은 쾌락인데, 이를 아주 가혹하게 종교적으로 옹호한다는 게 무슨 말일까요? 토머스 모어가 우리를 또다시 기묘한 논리의 세계로 끌어들이고 있는 건 아닌가요? 한번 그 논리를 따라가 봅시다.

먼저 이 나라 종교 원칙을 이렇게 설명합니다.

"그들의 종교 원칙은 이런 것들입니다. 인간의 영혼은 불멸이

며, 신의 선함에 의해 태어날 때부터 행복을 지향하게 되어 있
다. 사후에 덕과 선한 행위에 대해서는 보상받고 죄에 대해서
는 벌을 받는다. 이것들은 분명 종교적 믿음에 속하는 내용이
지만 그들 생각에는 인간의 이성이 자연스럽게 이것들을 믿고
수용하게 만든다는 것입니다."(96)

이 나라 종교가 기독교는 아니지만, 당연히 기독교와 비슷한
종교라고 설정했겠지요. 그러니 인간에게는 영혼이 있고, 사후
에 보상 또는 처벌로서 천국이나 지옥으로 가게 되어 있다고 믿
습니다.

여러분, 이쯤에서 모어가 앞으로 어떤 논리를 펼칠지 한번
짐작해 보겠습니까? 지금까지 그의 논리 전개를 보아 온 터라
조금 익숙해 있을 테니까요.

뭐, 이런 식 아니겠습니까? 이 세상에서 행복하게 살기 위해
쾌락을 추구하겠지만, 그 쾌락을 종교적 대의에 맞는 방향으로
추구해야지 마구잡이로 허튼 쾌락을 추구하면 오히려 불행에 빠
진다고요. 혹시 이렇게 예상했다면 여러분은 저자의 논리가 어
떤 식의 결을 따라 흘러가는지 벌써 파악하고 있다고 할 수 있
습니다.

**덧없는 쾌락을 피하고, 덕을 실천하기**
모어의 논리는 앞서 설명한 그 방식대로 이루어지는데, 조금 더

자세히 구분하고 있습니다. 그는 우선 쾌락이 한 가지가 아니라 여러 종류이며, 크고 중요한 쾌락과 작고 하찮은 쾌락이 있다고 나눈 다음 작은 쾌락이 큰 쾌락을 방해해서는 안 된다는 논리를 폅니다. 물론 큰 쾌락의 추구는 종교적인 원칙에 위배되지 않는 것이겠고요.

"작은 쾌락이 큰 쾌락에 방해가 되지 않게 해야 한다는 것, 그리고 고통이 뒤따르는 쾌락을 피한다는 것만이 중요한 기준이 될 것입니다. 그러한 종교적 원칙이 뒷받침되지 않는다면 사람은 광기에 빠져서 엄혹하고 고통스러운 덕만 추구하고, 생명의 쾌락을 포기하며, 아무런 유익함이 없는 고통을 겪게 될 것입니다. 사후의 보상이 없다면 사람은 쾌락이 없는 생애, 즉 비참하게 그의 전 존재를 보낸 것에 대해 보상을 받으리라는 희망이 없게 됩니다."(96)

그리고 이런 원칙도 밝힙니다.

"유토피아인들은 행복이 모든 종류의 쾌락 속에서 발견되는 것이 아니라 선하고 정직한 쾌락 속에서만 발견된다고 믿습니다. 그들 말에 따르면 덕 자체가 우리의 본성을 그런 종류의 쾌락으로, 즉 지극한 선으로 이끌어 간다는 것입니다."(96)

그러니까 결국 이들이 말하는 쾌락은 우리가 그 말을 할 때 떠올리게 되는 향락 따위가 아니라는 게 분명합니다. 그들이 말하는 '선하고 정직한 쾌락'은 지적인 덕이며, 곧 종교적인 원칙에 부합하는 종류의 쾌락입니다. 결국은 덕을 실천하고 따르는 종류의 쾌락이 행복인 셈이지요.

그렇다면 덕은 또 무엇입니까?

"유토피아인들은 덕이란 자연에 따라 사는 삶이라고 정의합니다. 그리고 신은 우리를 그런 목적으로 창조하셨다고 말합니다. 사람이 이성의 명령에 복종하여 어떤 것을 선택하고 다른 것을 거부할 때 그는 자연에 따르는 것입니다. 이성의 첫 번째 법칙은 인간 존재의 근원이며 인간의 모든 행복을 가능케 한 신을 사랑하고 경배해야 한다는 것입니다. 자연의 두 번째 법칙은 가능한 한 번민으로부터 자유롭고 기쁨이 충만한 삶을 살 것이며, 마찬가지로 다른 사람들을 그 목적으로 인도한다는 것입니다."(97)

신을 사랑하는 것, 덕성스럽게 사는 것, 그리고 나뿐만 아니라 남도 그런 삶을 살게끔 인도하는 것! 이런 것이 행복이며, 이성적인 사람이라면 당연히 이런 삶을 살고자 한다고 믿습니다. 행복도 나만의 행복이 아니라 우리 모두의 행복이 우선이지요. 정리하면 이렇습니다.

"자연은 우리에게 즐거운 삶, 다시 말해서 쾌락을 우리 행위의 목표로 지정해 준 것입니다. 그리고 이에 따라 사는 것을 덕이라고 규정할 수 있습니다. 그리고 자연이 사람들에게 가능한 한 서로의 삶을 유쾌하게 만들라고 명령한 이상, 우리의 이익을 탐한 나머지 이웃에게 불행을 초래해서는 안 된다고 계속 경고합니다. 그 이유는 명백합니다. 어느 누구도 다른 사람들보다 훨씬 더 높은 지위를 차지하여서 그만이 자연의 특권적인 고려 대상이 되는 법은 없습니다. 자연은 똑같은 형상을 부여해 준 모든 생명에 똑같이 애정을 가지고 있습니다."(98)

사람은 우선 자신의 이익을 추구하려고 합니다. 그런데 '자신의 이익에 더해서 공공의 이익까지 추구한다면 그것은 경건한 행위'지만, '자신의 쾌락을 확보하기 위해 남의 쾌락을 빼앗는다면 그것은 부정의'입니다. 한편 '다른 사람의 쾌락을 증대시키기 위해 의도적으로 자신의 쾌락을 감소시키는 것은 인도주의와 선의의 행위'입니다.

그러나 어떻게 자기 이익보다 남의 이익을 더 먼저 고려하고 애씁니까? 히슬로다에우스의 설명에 따르면, 다른 사람에게 이익을 베풀면 오히려 그 자신이 더 큰 이익을 누립니다. 먼저 자기 자신이 훌륭한 행위를 한 사실을 의식하게 되니 무엇보다 마음이 따뜻해지고 뿌듯하겠지요(이건 심리학적으로 타당한 이야기 같습니다). 또 사람들의 감사를 받아 정신적으로 더 큰 기쁨을 얻

게 됩니다. 게다가 우리가 짧고 일시적인 쾌락을 포기한 데 대해
신께서 엄청나고 영원한 기쁨으로 보상해 주리라고 믿습니다.
이런 논리로 사람들에게 자기 이익보다 남의 이익을 위해 애쓰
라고 가르칩니다.

실제로 이런 시민 정신이 길러지면 우리 사회도 훨씬 더 따
뜻한 곳이 되겠지요.


## 가짜 쾌락의 사례: 좋은 옷, 보석, 노름, 사냥……

지금까지 다소 딱딱하게 논리적인 방식으로 행복과 덕, 쾌락을
논했습니다. 이런 식의 사변적인(즉 경험을 토대로 하지 않고 순수
한 이성에 따라 인식하고 설명하는) 논증보다는 알기 쉬운 예를 들
어 설명해 볼까요? 그러니까 어떤 쾌락을 추구하면 행복하고 어
떤 쾌락을 추구하면 불행해지는지 좀 더 구체적으로 알아보는
게 좋을 듯합니다.

우리가 행복에 이르는 쾌락이라고 믿기 쉽지만 사실은 그렇
지 않은 사이비(似而非, 비슷해 보이지만 실제로는 아닌 것) 쾌락
이 무엇인지부터 살펴봅시다.

사이비 쾌락의 대표적인 사례는 앞에서 언급한 것처럼 좋은
옷을 입었기 때문에 자기가 훌륭하다고 생각하는 것입니다.

"이들은 이중으로 착각에 빠져 있습니다. 우선 자신의 옷이 다
른 사람들 옷보다 더 좋다고 생각하는 것이 첫 번째고, 옷 때문

에 자신이 잘났다고 생각하는 것이 두 번째입니다. 의복의 유용함에 대해서라면 고운 실로 짠 것이든 거친 실로 짠 것이든 무슨 차이가 있습니까? 하지만 그들은 자신의 환상 때문에 그런 줄 모르고 자연이 그들을 특별히 배려한다고 착각합니다. 멋진 옷을 입었기 때문에, 집에서 짠 수수한 옷을 입었다면 전혀 기대하지 못했을 명예를 누릴 만하다고 생각하는 것입니다. 그래서 사람들이 특별한 존경을 보이지 않고 지나쳐 버리면 그들은 매우 화를 냅니다."(100)

비슷한 것으로 의례적인 명예를 듭니다. 다른 사람이 무릎을 꿇거나 모자를 벗어 경의를 표한다고 해 봐야 아무런 의미가 없습니다. 허망한 기쁨이라는 거지요. 이는 분명 당대 귀족들의 오만함에 대한 비판일 것입니다.

그리고 다시 보석을 예로 들면서 이런 설명을 덧붙입니다. 보석을 구매하는 사람은 그것이 진짜인지 가짜인지 잘 모르기 때문에 불안해지고, 자신이 사기당해 속을 것을 두려워합니다. 그런데 자기 눈으로 진짜와 가짜를 구분하지 못한다면 가짜라고 해도 똑같은 즐거움을 주는 것 아닌가요? (여기에는 한 가지 재미난 에피소드가 있습니다. 에라스뮈스에 따르면, 모어는 자기 부인에게 가짜 보석을 주고는 나중에 그 보석이 가짜라고 실망하는 부인을 조금 야비하게 놀렸다고 합니다. 그것참 안 좋은 장난이네요.)

그의 논리는 한 걸음 더 나아갑니다. 어쩌면 이 이야기를 하려고 지금까지 빙 돌아온 것 아닌지 모르겠습니다. 따지고 보면 돈을 많이 가지고 있는 게 무슨 소용이냐는 겁니다. 여기서 그는 돈을 잔뜩 모아 두고 그저 바라보기만 하는 사람 이야기를 합니다. 그리고 누가 돈을 훔쳐 갈까 봐 무서워서 돈을 땅에 숨긴 구두쇠 사례도 듭니다. 돈을 땅속에 묻어 둬서 그 돈을 쓸 기회가 아예 없다면 그게 무슨 의미가 있습니까? 만일 누가 그 돈을 훔쳐 갔는데, 그 구두쇠는 그런 사실조차 모르고 10년 뒤에 죽었다고 가정해 봅시다. 그 10년 동안 그 돈을 도둑맞았든 아니든 무슨 차이가 있습니까? 돈을 쌓아 두고 바라만 보거나, 아예 땅에 숨겨 두고 안 보거나, 어떤 경우건 그 돈은 주인에게 아무 소용이 없습니다.

그러니까 돈 그 자체만으로는 쾌락이 아니라는 거지요. 흔히 졸부 중에 이런 사람들이 있는 건 사실입니다. 차라리 돈을 적당히 잘 쓰고 또 남에게 베풀기도 하면 자신한테도 좋고 남들한테서 좋은 이야기도 들을 텐데, 돈을 버는 과정에서 너무 아끼는 버릇이 들어 한 푼도 제대로 못 쓰는 사람들이 간혹 있지요. 그래서 돈을 잘 버는 만큼 돈을 잘 쓰는 것이 중요하다고 하는 겁니다.

또한 모어는 어리석은 사이비 쾌락의 또 다른 예로 노름과 사냥을 거론합니다.

"테이블 위에 주사위를 던지는 것이 도대체 무슨 즐거움인지 모르겠다고 그들은 말합니다. 처음에는 그렇게 하는 것이 재미 있다 하더라도 같은 일을 계속 반복하다 보면 곧 물리지 않겠습니까?"(102)

혹시 여러분은 컴퓨터 게임을 많이 하나요? 처음에 재미있어서 조금 하다 보면 일종의 중독이 생겨서 자꾸 하게 되고, 그러다 보면 어느 순간 '내가 왜 이걸 하고 있지?' 하는 생각이 들지요. 그쯤 되면 이건 재미가 아니라 괴로움일 수도 있습니다.

여러분 중에 사냥을 해 본 사람은 많지 않을 것 같네요. 나도 사냥은 해 본 적이 없습니다. 그런데 옛날 유럽에서 귀족들의 가장 큰 취미가 사냥이었습니다. 개나 매를 동원하는 온갖 종류의 사냥이 있었지요. 저자는 이를 아주 효과적으로 비판합니다.

"개가 짖는 소리를 듣는 것이 무슨 재미가 있습니까? 그거야말로 정말로 지긋지긋한 소리가 아닙니까? (……) 만일 당신이 정말로 원하는 것이 눈앞에서 동물을 갈가리 찢어서 죽이는 도살이라면 그야말로 잘못된 일입니다. 토끼가 개에게 쫓기는 것, 약한 짐승이 강한 짐승에게 고통받는 것, 공포에 싸인 순한 동물이 야만적인 동물에게 내몰리는 것, 순한 토끼가 잔인한 개에게 죽음을 당하는 것을 보면 남는 것은 연민밖에 없습니다. 유토피아 사람들은 사냥 행위를 자유로운 인간에게 합당치 않은 일이라고 보기 때문에 이 일을 모두 백정에게 맡깁니

다. 앞에서 언급했듯이 백정은 모두 노예들입니다. 그들 생각
에 사냥은 백정들이 하는 일 가운데에서도 가장 천한 일입니
다."(102)

그런데 이런 논리에 반론을 제기할 수 있습니다. "내가 노름
과 사냥을 해 보니까 재미만 있습디다! 실제로 하는 사람이 이
거야말로 재미있고 즐거운 일이라고 하는데, 왜 남이 그렇지 않
다고 강변합니까?"

이에 대해 모어는 사냥이나 노름, 또는 요즘 같으면 컴퓨터
게임을 하는 사람들에게 "당신들은 그걸 재미있다고 생각할지
모르지만 그것은 착각이고, 사실 그것은 아무런 즐거움을 주지
않는 허망한 일이라네." 이렇게 말합니다.

왜 그런가요? 어떤 논리에서 그렇게 말하는 건가요?

"대부분의 사람들이 이런 행위를 쾌락이라고 여길지 모르지
만 유토피아 사람들은 여기에는 자연적으로 즐거운 데라곤 하
나도 없으므로 실제 쾌락과는 전혀 관련이 없다고 단언합니다.
그런 것들은 흔히 감각을 만족시켜 주므로 쾌락처럼 보입니다
만, 그렇다고 해서 실제 기본 성질이 그렇지는 않습니다. 이때
쾌감을 느끼는 것은 사물의 본성 그 자체에서 오는 것이 아니
라 사람의 왜곡된 습관에서 오는 것입니다. 마치 입맛이 변한
임산부들이 역청(천연 아스팔트)과 수지(나무즙)를 꿀처럼 달

게 느끼는 것과 비슷합니다. 사람의 입맛은 병이나 관습 등의 영향을 받아 변화할 수 있지만 그렇다고 해서 쾌락의 본성을 변화시키지는 않습니다."(102~103)

이 말을 이해하기 위해 마약을 사용한 도취감을 예로 들어 보겠습니다. 약물을 이용해서 일상적으로는 경험할 수 없는 아주 강력한 쾌감을 맛볼 수 있다고 합니다. 이 세상의 모든 고통과 슬픔을 깨끗이 지워 버리고 안락하고 달콤한 환상의 상태로 들어가는 거지요. 그러니 어쨌든 바로 그 순간에는 행복한 것 아닐까요?

내가 외국에서 공부할 때 외국 학생과 마약에 관해 이야기를 나눈 적이 있습니다. "그거 위험하지 않니?" 하고 묻자 그는 이렇게 대답하더군요.

"물론 위험할 수 있지. 그렇지만 그런 위험은 모두 내가 책임질 일이고, 내가 그 위험을 알면서 하는 거니까 걱정하지는 마. 그런데 너는 살면서 정말로 행복했던 적이 몇 번이나 있니? (곰곰 생각해 보니 엄청난 희열을 느낀 적은 그리 많지 않더군요.) 어쨌든 나는 마약 할 때만은 진정 마음 편하고 좋아."

이런 대답을 들으니 할 말이 없었습니다. 그렇지만 나 같으면 앞으로도 마약을 할 것 같지는 않네요. 잠시 쾌락을 얻기야 하겠지만, 우리 건강과 정신을 피폐하게 하고 끝내 큰 불행으로 이끌어 갈 것 같아서입니다.

모어는 이와 비슷한 맥락에서 사냥이나 보석 수집 같은 일을 두고 "당신 자신은 그것을 쾌락이라고 착각할지 모르지만 그건 잘못이고 진정한 행복은 다른 데 있다고!" 하는 거지요. 물론 모어의 말이 100퍼센트 맞고, 그의 말을 따라야만 한다고 단정할 수는 없습니다. 내가 사냥을 해 보니 너무나 짜릿하고 벅찬 감흥을 받아서 말할 수 없이 행복한데, 왜 자꾸 그건 행복이 아니라고 하느냐며 강하게 항변하면 어쩔 수 없는 일이지요.

이 이야기는 이쯤에서 그만하고, 히슬로다에우스의 논리를 더 따라가 봅시다.

### 건강하고 덕을 실천하는 것이 진정한 쾌락

이제 사이비 쾌락이 아닌 진정한 쾌락이 무엇인지 살펴봅시다.

유토피아에서는 진정한 쾌락을 여러 종류로 나눕니다. 먼저 육체적 쾌락과 정신적 쾌락이 그것입니다.

육체적 쾌락은 다시 두 종류로 나뉩니다. 첫 번째는 '감각을 만족시키는 즉각적인 즐거움'입니다. 배고플 때 밥을 먹으면 찾아오는 그 뿌듯한 만족감, 등이 너무 가려워서 미칠 것 같은데 팔을 쭉 뻗고 손톱을 세워서 박박 긁었을 때의 그 상쾌함, 몸속에 잔뜩 쌓여 있는 답답한 무언가를 좌악 비웠을 때의 시원함(뭔지 알겠지요? 모어는 표현을 이렇게 합니다. '배변과 출산'!). 지금 말한 이런 것이 작지만 틀림없는 육체적 쾌락입니다. 이거야 부인할 수 없는 사실이지요.

두 번째는 '고요하고 조화로운 육체 상태, 무질서에서 벗어난 건강한 상태'입니다. 건강 그 자체가 육체적 쾌락이라는 뜻입니다. 비록 음식을 먹고 마시는 데서 오는 만족감보다는 덜 직접적이지만, 사실 건강함이야말로 훨씬 더 중요한 쾌락입니다. 쾌락이라는 말로 표현하는 게 우리 언어 감각으로는 조금 낯설게 느껴지지만, 모어의 논리에서 보면 건강은 행복을 구성하는 중요한 육체적 쾌락의 요소지요. 그리고 이것이 다른 모든 쾌락의 바탕이 된다고 생각합니다. 당연합니다. 만약 건강을 잃으면 다른 모든 쾌락이 불가능해지기 때문입니다.

인간이 육체를 가지고 살아가는 존재인 한 육체적 토대가 매우 중요하지요. 따라서 무엇보다도 건강이 쾌락의 근간이라고 보는 것은 타당합니다. 그렇지만 가장 기본적이라는 것과 가장 중요하다는 것은 다른 이야기입니다. 육체의 건강을 잃으면 다른 것이 불가능하다는 점에서 중요하지만, 그렇다고 육체적 건강만 유지하면 그게 다라고 할 수는 없습니다.

가장 소중한 쾌락은 정신적 쾌락입니다. 그것은 덕의 실천과 올바른 삶에 대한 인식입니다. 히슬로다에우스의 말을 직접 옮기자면 정신적 쾌락은 "지식, 그리고 진리에 대한 관조로부터 오는 즐거움, 또는 잘 보낸 한평생을 되돌아볼 때의 만족이나 장래의 행복에 대한 의심할 바 없는 희망"(103) 같은 것이라고 합니다.

이렇게 정리합시다.

쾌락에는 크게 두 종류가 있으니, 바로 육체적 쾌락과 정신적 쾌락입니다. 육체적 쾌락은 작은 것과 큰 것으로 나뉘는데, 작은 것은 음식 섭취처럼 즉각적인 만족을 주는 것입니다. 이것은 중요하지만 그것은 더 큰 육체적 쾌락, 곧 건강을 위해 존재합니다. 만일 음식에 탐닉하는 사람이 있다면 그것은 작은 쾌락에 매달리는 꼴이 되겠지요. 이 모든 것 위에 정신적 쾌락이 있습니다. 덕성스럽게 살아가는 것, 남을 위해 봉사하는 것, 신을 찬미하는 것 등이 정신적 쾌락입니다.

이 나라 사람들의 행복론에 대해 히슬로다에우스의 입을 통해 들어 봤습니다. 이제 지금까지 훑어본 이 나라의 여러 특징과 함께 행복과 쾌락의 문제에 대한 우리의 생각을 정리해 봅시다.

어떤 사회에서 사람들이 행복을 누리려면 두 가지 조건이 충족되어야 합니다.

먼저, 모든 사람이 건강한 삶을 살 수 있어야 합니다. 기본적인 육체적 쾌락을 만족시켜야 하니까요. 그러려면 식량을 안정적으로 확보하는 문제를 해결해야겠지요. 이 문제는 모든 시민들이 공동으로 일을 함으로써 해결할 수 있습니다. 모든 사람이 공동으로 일하고 모든 사람이 함께 나누어 먹습니다. 당시 농업 기술 수준으로 볼 때 이것은 크게 힘든 일이 아니라고 생각합니다.

사실 기술적인 문제보다는 사회적인 문제가 더 크겠지요. 귀족과 농노의 태생적 신분 차이라든지, 갈수록 빈부 격차가 벌어져서 굳어져 버리는 계급 같은 문제들 말입니다. 그런데 이 나라에서는 사회 체제를 철저히 통제함으로써 문제의 소지를 아예없애 버렸습니다. 이제 누가 돈을 더 많이 벌어서 그것을 자본삼아 더 큰돈을 버는 자본주의적 방식은 원천 봉쇄되었습니다. 사치도 불가능하므로 사치품 제조 따위에 인력을 낭비하는 일없이 대부분의 사람들이 식량 생산에 매진합니다. 그러니까 이런 제도가 정착해서 잘 작동하면, 모든 사람들이 건강한 삶을 살아가는 일차적 행복의 문제는 일단 해결한 것입니다.

이 책 1장에서 본 영국의 상황을 생각해 봅시다. 그 사회에서는 우선 먹는 문제부터가 해결되지 않아 사람들이 불행의 늪에 빠져 있습니다. 많은 사람들이 기초적인 생존을 위협받는 실정이니까요. 따라서 안정적인 삶, 건강한 생명 유지라는 1차 행복조차 달성하지 못한 채로 삶을 마치겠지요. 그런데 여기에서 끝나는 게 아닙니다. 인간의 행복 중 더 중요한 것은 정신적 쾌락입니다. 그러니까 영국의 많은 서민들이 불행한 까닭은 1차적 쾌락인 건강 유지에 실패했고, 그보다 더 중요한 2차적 쾌락에는 아예 접근하지도 못한 채 생을 마감했기 때문입니다.

그렇다면 유토피아에서는 어떤가요? 아마 많은 사람들이 공동 생산과 공동 분배를 토대로 하는 물질적 개선에 주목했겠지만, 그것은 부분에 불과합니다. 이 나라 사람들이 행복한 이유는 육체적 쾌락보다 더 소중한 상위의 행복 요인, 곧 정신적 쾌락을 누린다는 데에 있습니다. 하루 6시간 일한다는 것의 진짜 의미는 노동 시간 외에 남는 시간을 확보한다는 것입니다. 그 남는 시간에 덕성을 키우고 지식을 쌓고 신을 경배하고 그 밖에 자기가 바라는 더 고상한 활동을 할 수 있다는 점이야말로 이 나라 사람들이 행복을 누리는 중요한 요인입니다!

그런 점에서 볼 때 유토피아를 공산주의 이론의 원조처럼 생각하는 것은 잘못된 이해입니다. 공산주의 이론에서는 공동 생산과 공동 분배에 강조점을 두지만, 유토피아에서 공동 생산 공동 분배를 하는 이유는 그 자체가 목표가 아니라 더 높은 목표를 위해서입니다. 경제 사회적 체제는 더 고상한 목표를 이루기 위한 기초일 뿐입니다.

유토피아 사람들은 여유 시간에 정신적 쾌락을 향한 노력을 기울이겠지요. 그러면 이런 조건을 충족한 유토피아인들은 행복할까요? 히슬로다에우스는 "세계에서 이들보다 더 행복한 민족은 없다는 점은 분명합니다."(107)라면서 강하게 긍정합니다. 물론 우리 생각은 이와 다를 수 있겠지만요.

지금까지 이 나라에서 행복이 무엇이며, 그걸 어떻게 달성하려 하는지 여러 요소를 살펴봤습니다. 그러면 이제 이 나라의 기본 철학을 간단히 정리할 수 있겠지요?

이 나라의 철학은 집단적인 행복 추구입니다. 나의 행복뿐 아니라 우리 모두의 행복을 함께 달성하려 하지요. 그러려면 각 개인이 자기만의 쾌락을 추구해서는 안 됩니다. 따라서 이곳은 개인의 욕망을 마음대로 충족시키는 곳이 아니라 절제하는 곳입니다. 작은 것을 버림으로써 더 중요한 것을 얻을 수 있습니다. 이를 위해 작은 쾌락이 큰 쾌락을 방해하지 않고, 또 그 이전에 사이비 쾌락에 놀아나지 않아야 합니다. 나의 가장 큰 행복은 덕성스럽게 살아가는 것인데, 그런 것을 모르고 남보다 더 많은 재산을 쌓으려 하거나 더 좋은 옷을 입으려 하거나 보석에 눈을 돌리면 결국에는 나도 불행에 빠지고 다른 사람의 행복마저 방해하는 셈이 됩니다. 그러므로 개인의 행복이라는 것도 전체의 행복 추구라는 큰 흐름 속에서 가능하다고 하겠습니다. 따라서 공동 노동으로 식량을 확보해 1차적인 행복의 토대를 만드는 동시에 교양과 덕성, 종교적 헌신 같은 덕목을 키워 나갈 수 있는 여유 시간을 얻어 다 함께 더 큰 행복을 얻자는 것입니다.

이쯤에서 모어가 유토피아를 구상할 때 모델로 삼은 곳이 과연 어디일지 한번 생각해 보면 어떨까요?

유토피아의 특징을 되새겨 봅시다. 거주를 공동으로 하며 추첨이나 정부 당국의 지시에 따라 거주지를 결정하는 곳, 함께 모여서 식사하는 곳, 옷은 다 똑같고 변함이 없는 곳, 모두 함께 일하는 곳, 아침 일찍 모여 공부하는 곳, 정신적·영적 덕성을 쌓는 곳……. 그런 곳이 대체 어디에 가까울까요? 혹시 생각나는 곳 없나요?

내 생각에는 수도원이 아닐까 싶습니다. 모어가 젊었을 때 수도사 생활을 했다는 사실을 고려하면 가능성이 없지 않습니다. 만일 이게 사실이라면, 유토피아는 나라 전체를 일종의 확대

〈카르투지오 수도원 식당의 성 후고〉

프란시스코 데 수르바란, 1655

토머스 모어가 『유토피아』에서 그리는 생활은 수도원 생활과 무척
비슷하다. 똑같은 옷을 입고 함께 식사하며 사치를 멀리하고 가치 있는
삶을 추구한다는 점에서 그렇다. 토머스 모어는 카르투지오 수도원에서
생활한 적이 있는데, 그 경험이 『유토피아』에 반영된 것으로 보인다.

된 수도원처럼 만들고자 하는 꿈이라고 할 수 있습니다. 이러한 유토피아가 실현된다면 그 속에서 인간은 정말 행복할까요?

# 유토피아의 역설 *11*

## 끝없는 배움으로 계속 개선되는 유토피아

유토피아 사람들은 모두 행복한 삶을 살고 있다고 자부합니다. 유토피아는 행복을 성취한 사회입니다. 이 점이 중요하지요. 이 나라 사람들은 그저 조건이 기가 막히게 좋은 곳에 태어나 행복하게 사는 게 아니라, 사회 조직을 잘 꾸려서 행복한 삶을 일궈낸 겁니다. 그러니까 이 사회는 처음부터 완벽한 상태였던 게 아니라 물질적으로든 정신적으로든 계속 개선되어 가고 있습니다.

앞에서 본 바와 같이 이 나라는 처음에 국토를 인공 섬으로 만들어 출발했습니다. 본래 대륙의 일부였던 곳을 의도적으로 섬으로 조성했다는 것은 다른 곳과는 완전히 다른 세상을 자체적으로 만들어 간다는 상징입니다.

유토피아 사람들은 특히 공부에 열심인 사람들입니다. 학문과 기술을 배우는 데 아주 열심이라고 서술되어 있지요. 고전을 읽고 새로운 것을 배움으로써 자신의 지적·정신적 역량을 키워

가는 것을 즐기고 그것을 최대의 행복으로 삼는다고 합니다. 히슬로다에우스는 자기가 전해 준 몇 가지 기술과 고전을 그들이 받아들여 훨씬 큰 발전을 이루었노라고 주장합니다.

"일단 그렇게 학문의 자극을 받자 유토피아 사람들의 정신은 삶을 더 유쾌하고 편안하게 만드는 각종 기술들을 놀라울 정도로 빠르게 발전시켰습니다. 그 가운데 두 가지 기술은 분명 우리에게 배운 것입니다. 인쇄술과 제지술이 그것입니다. 이 기술의 개발은 적어도 절반은 우리 덕이고 절반은 그들의 솜씨 덕입니다.

우리가 그들에게 알두스*판 책들을 보여 줄 때 우리는 제지술과 활자 제조에 대해 이야기를 했습니다만, 우리들 가운데 누구도 그 분야에서 실제 경험은 없었기 때문에 그 공정에 대해 자세한 설명은 해 주지 못했습니다. 하지만 그들은 대단히 예리한 통찰력으로 기본 원칙을 곧 파악해 냈습니다. 이전에 그들은 송아지 가죽, 나무껍질, 파피루스에다가 글씨를 썼지만 이제는 종이에 인쇄를 하게 되었습니다. 처음에는 그들의 시도가 그리 성공적이지 않았지만, 연습을 통해서 두 가지 기술을 모두 완성시켰습니다. 그들은 그리스 작가들의 문헌을 가지고 있으므로 곧 적지 않은 책들을 만들어 낼 것입니다."(110~111)

* 알두스는 15세기 말에 설립된 베네치아 공화국의 출판사로, 그리스 고전을 최초로 활판 인쇄로 찍었으며, 아름다운 디자인과 뛰어난 품질을 자랑하는 책을 많이 펴냈다.

먼저 모어가 『유토피아』를 쓸 무렵 유럽에서 활판 인쇄술이 급속하게 보급되고 있었다는 점을 염두에 두어야 할 것입니다. 그전까지는 일일이 손으로 베껴 써서 책을 만들었습니다. 그 과정이 얼마나 고되었겠습니까? 여러분이 지금 읽고 있는 이 책을 볼펜으로 베껴 써서 100부를 만든다고 생각해 보십시오. 사람할 일이 아니라는 말이 절로 나올 겁니다. 필사 작업은 주로 수도원에서 수사들이 맡아서 했는데, 수사들이 하는 일 가운데 그 무엇보다 힘들었다고 알려져 있습니다. 그러던 차에 인쇄술이 발명되어 이제 책이 대량으로 보급됩니다. 참고로, 새 천 년이 시작되던 서기 2000년에 여러 기관과 매체에서 지난 천 년 동안 가장 중요한 발명이 무엇인지 조사했을 때 활판 인쇄술이 1등으로 꼽혔지요.

모어는 상상력을 발휘하여 유럽 선원이 유토피아에 가서 인쇄술을 전해 준 것으로 이야기를 꾸몄습니다. 그런데 유럽에서 실제 그랬던 것처럼 그 나라에서도 인쇄술이 지적으로 혁명적인 변화를 불러일으켰다고 이야기합니다. 또 히슬로다에우스가 소장하고 있던 몇 권의 고전을 그들에게 선물했는데, 이것도 그들의 정신세계를 크게 개선했다고 말합니다. 지금 이야기하는 이 내용의 의미를 여러분은 잘 파악하고 있나요? 유토피아는 '지금도 변화 중'이라는 뜻 아니겠습니까?

이 나라에서는 도시의 형태, 정원, 집 모양도 점점 더 아름다워져 간다고 한 것을 기억할 것입니다. 개인도 공부와 수양을 통해 점차 성숙해질 테고, 그렇게 발전해 가는 것이 그들의 가장 큰 행복이라고 생각하고 있습니다. 공동체 전체가 개선 중입니다. 그런 상태를 모어는 이렇게 묘사합니다.

"그들의 토지는 지력이 아주 좋지는 않고 기후도 최적은 아니지만, 그들은 균형 잡힌 생활로 기후의 불리함을 이겨 내고 근면한 노력으로 토양을 개선하기 때문에 그 어떤 곳보다도 곡물과 가축이 풍부하고, 그 어떤 곳보다도 사람들이 활력에 넘치며 병에 잘 걸리지 않습니다. 그들은 노력과 기술을 통해 토양 개선을 하는 정도를 넘어서, 한 곳의 나무를 모두 뽑아 다른 곳에 심는 방식으로 숲을 옮겨 놓을 정도의 일을 합니다. 그렇게 하는 이유는 조림보다는 수송 때문입니다. 즉 나무가 바다, 강, 도시에 더 가까이 존재하도록 하려는 것입니다. 원거리 육로 수송의 경우 곡물보다는 목재가 훨씬 더 힘들기 때문입니다."(107~108)

이처럼 이 나라는 어려운 여건을 이겨 내며 발전해 가고 있습니다. 그런데 이렇게 중요한 이야기를 하는 와중에 모어는 또다시 참으로 기묘한 유머를 발휘하고 있습니다. 짐작했는지요?

**옳은 말을 하다가 슬그머니 뒤집는 글쓰기 전략**
나라를 개선하기 위해 숲을 통째로 옮긴다고 하네요. 먼 산에 있는 숲에서 나무를 도시로 가져오는 것은 무척이나 힘든 일이지요. 그래서 수송 문제를 해결하기 위해 아예 숲 자체를 도시 쪽으로 옮겨 온다는 구상입니다. 우공이 끈질긴 노력으로 산을 옮긴다는 동양의 옛 고사 우공이산과 비슷합니다. 이 점에 대해 여러분은 어떻게 생각하나요? 물론 대륙의 일부였던 땅을 파서 섬으로 만들 정도로 우직한 인간들이라면 그런 일을 못할 리도 없겠지만, 글쎄요, 그게 좋은 생각인지는 모르겠습니다.

여러분, 큰 나무 한 그루를 캐서 다른 곳으로 옮겨 심는 것이 얼마나 힘든 일인지 알고 있습니까? 혹시 정원수를 옮겨 심는 광경을 본 사람은 알 거예요. 엄청나게 큰 트럭을 이용해서 나무를 옮겨야 하고, 또 그 나무가 죽지 않고 뿌리내리고 살 수 있게 하려면 보통 노력이 드는 게 아닙니다. 그런 마당에 먼 산에 있는 숲의 나무들을 모조리 다 뽑아서 도시 근처로 옮긴다고요? 그러는 이유가 수송 문제 때문이라고요? 어떻게 해석하느냐는 각자 판단에 맡기겠습니다. 문맥으로 보면 진심일 수도 있고 아닐 수도 있겠다 싶지만, 나는 이 대목에서도 모어가 역시 농담을 했다는 데 한 표 던집니다.

만일 그런 해석이 옳다면, 왜 그런 이상한 농담을 한 걸까요? 아무 의미 없이 실없는 농담을 할 리는 없습니다. 모어가 독자들에게 자신의 주장을 곧이곧대로 받아들이지 말고 한번 잘 판단해 보라는 의도에서 집어넣은 문학적 장치가 아닐까 싶습니다.

그렇게 해석하는 근거가 있느냐고 물어볼지 모르겠습니다

만, 사실 이 작품에는 그런 관점에서 볼 수 있는 곳이 꽤나 많습니다. 우리는 8장에서 유토피아의 외교와 전쟁 문제에 대해 살펴볼 때, 겉으로는 평화를 추구한다고 말하면서 실제로는 정반대로 아주 호전적이고 심지어 군국주의적이거나 제국주의적인 국가로 묘사하고 있다는 점을 지적한 바 있습니다. 모어는 매우 역설적으로 서술함으로써 우리에게 깊이 생각하고 신중하게 판단할 것을 요청합니다. 모어가 구사하는 이런 글쓰기 전략의 사례를 들어보겠습니다.

먼저, 이 작품에서 가장 파격적이고 충격적인 이야기입니다. 결혼하려는 젊은 남녀가 나체로 선을 보는 것입니다.

"결혼 상대를 고를 때 그들은 대단히 엄숙하고도 진지하게 그들의 관습을 따르는데 이것은 우리에게는 정말로 어리석고 부조리해 보입니다. 과부든 처녀든 장래의 신부가 될 사람은 책임감 있고 존경할 만한 여성 보호자의 인도 아래 신랑에게 나체로 선을 보입니다. 마찬가지로 존경할 만한 남성 보호자가 신랑을 신부에게 나체로 선을 보입니다. 우리는 이 관습에 대해 비웃고 이것이 부조리하다고 이야기했습니다. 그렇지만 그 사람들은 오히려 다른 나라 사람들의 우행에 대해 조롱하는 것이었습니다.

적은 돈을 들여서 망아지를 살 때에도 사람들은 의심을 품고서 잘 살펴봅니다. 망아지는 거의 벌거벗은 상태인데도 안

장과 모포를 벗겨 내서 혹시 그 밑에 상처가 있지는 않은지 잘 보고 나서야 사려고 합니다. 그런데 일생 동안 기쁨 아니면 고통을 초래할 배우자를 고르면서 사람들은 참으로 부주의하다는 것입니다. 신체의 모든 부위는 천으로 가리고 다만 손바닥만 한 얼굴만 보고 매력적인지 아닌지 판단하지 않습니까. 그래서 상대편의 마음을 상하게 하고 결국 그 때문에 일생 동안 서로 증오할지도 모를 위험을 안고 결혼하게 되는 것입니다.

전적으로 성격만 보고 결혼할 정도로 현명한 사람은 많지 않습니다. 또 그런 현명한 사람이라 하더라도 훌륭한 성격의 부가적인 요인으로서 육체적 아름다움을 찬미하기 마련입니다. 남자가 아내를 멀리하게 만들 만큼 심각한 육체적 결점이 의복 밑에 숨겨져 있을 가능성은 얼마든지 있습니다. 그런데 아내와 헤어지기에는 이미 늦은 뒤에야 그것을 알게 되면 어떡하겠습니까. 결혼 후에 그런 결점을 알게 되면 유토피아 사람들은 그것을 자기 운명이라고 생각하고 참아야 하므로, 이들은 더욱 주의하여 사전에 법적인 보호 장치를 강구하는 것입니다."(114~115)

히슬로다에우스의 말을 들으면 그럴듯하기도 하여 깜빡 속아 넘어갈 수도 있겠습니다. 그렇지만 그게 말이 되는 이야기입니까? 아무리 사람을 신중하게 고르기 위해서라고 하지만 젊은 처녀 총각이 옷을 다 벗고 서로를 관찰하면서 선을 본다니요. 그

## 유토피아의 결혼

히슬로다에우스는 유토피아에서 결혼하려는 젊은 남녀가 옷을 걸치지
않은 채로 선을 본다고 설명한다. 물건을 살 때 꼼꼼히 살펴보는 것에
비유하는 그의 설명은 그럴듯하게 들리기도 하지만, 사람을 물건
수준으로 떨어뜨리는 것이 아닐까? 토머스 모어는 깜빡 속아 넘어갈
농담을 곳곳에 넣어 두었다.

런 일은 도저히 받아들일 수 없는 야만적인 행위입니다. 이 나라가 그토록 덕성을 추구하는 나라라면서 이런 일을 할 수는 없습니다.

인용문에서 한 가지 눈에 띄는 단어가 있습니다. 망아지라는 말입니다. 약간 어려운 영어 단어라 모르는 사람이 많을 텐데, 망아지는 영어로 콜트(colt)입니다. 그런데 모어의 첫 부인 이름이 뭐라고 소개했는지 기억합니까? 제인 콜트(Jane Colt)입니다. 분명 자기 부인 이름을 가지고 일종의 장난을 친 겁니다. 이거야말로 아는 사람만 알고 대부분은 모르고 넘어갈 사항이지요. 전문 연구자들의 도움 덕분에 우리는 이런 사실을 알게 되었습니다.

그런데 이런 농담을 통해 드러나는 모어의 생각을 엿볼 수 있습니다. 망아지를 살 때는 안장까지 벗기고 구석구석 살펴본 다음 사는 게 맞습니다. 그렇지만 사람은 망아지가 아니지 않습니까? 실제로 사람을 그렇게 벗겨 놓고 구석구석 이리저리 살펴보며 결정하는 것은 사람을 동물 수준으로 떨어뜨리는 거지요. 노예를 매매할 때는 이런 식으로 하곤 했는데, 그야말로 인간성을 부인하는 경우지요.

그러니까 이런 부분을 읽을 때는 무심코 넘어갈 게 아니라, 지나친 논리가 얼마나 웃기는 모순에 빠질 수 있는지 잘 헤아려 보라는 저자의 힌트라고 생각해야겠지요. 지극한 정의가 지극한 불의가 되듯, 지극한 덕성이 지극한 부덕이 될 수 있습니다.

다음 사례는 조금 더 진지한 경우입니다. 바로 안락사 문제입니다.

생명의 문제는 『유토피아』 1부에서 아주 진지하고 엄숙하게 다룹니다. 재산 때문에 사람 목숨을 잃게 하는 나라가 최악의 나라라고 비판하면서, 생명은 하느님에게서 온 것이니 자기 자신도 마음대로 하지 못할 것이며, 다른 사람이 남의 목숨을 결정해서는 안 된다고 주장했습니다. 그 대목을 다시 볼까요.

"하느님께서는 다른 사람을 살해하는 것만이 아니라 자기 자신의 목숨을 스스로 앗아 가는 것까지 금하셨습니다. 만일 인간이 상호 동의를 통해 어떤 특정한 경우에는 살인을 허락하자고 결정한다면 이는 하느님의 법을 자유롭게 피할 수 있는 권리를 인정하는 셈입니다. 그렇다면 이는 하느님의 법보다 인간의 법을 우선시하는 것이 아닙니까?"(32)

국가의 법이 신의 법을 규제해서는 안 된다는 주장이라고 설명한 것을 기억하겠죠(76~77쪽 참조). 1부에 나온 이 내용과 2부에서 안락사 문제를 다룬 내용을 비교해 보기 바랍니다. 놀랍게도 생명을 그토록 존중한다는 유토피아에서 병이 위독한 사람에게 자살을 권합니다.

"이 나라에서는 환자들을 아주 극진히 간호하며, 그들을 위한 약과 음식은 어느 것 하나 소홀히 하지 않습니다. 또 불치병으로 고생하는 사람들의 고통을 경감시키기 위해 많은 노력을 합니다. 환자를 방문한 사람은 곁에 앉아서 그와 대화하며 최선을 다해 위로합니다.

하지만 그 병이 치료 불가능할 뿐 아니라 극심한 고통이 계속된다면 사제와 공무원이 찾아와서 더 이상 그런 고통을 당하지 말라고 재촉합니다. 그들은 환자에게 그들이 더 이상 삶의 의무를 다할 수 없으며 그 자신과 남에게 짐이 된다는 사실을 상기시킵니다. 실제로 그는 살 만큼 산 것입니다. 그들은 환자에게 질병이 더 이상 자신을 제물로 삼지 않도록 해야 하며, 이제 사는 것이 단순히 고통에 불과하고 이 세상이 감옥처럼 된 이상 삶의 고통으로부터 스스로 해방되든지 아니면 다른 사람에게 부탁해서 해방되라고 말합니다. 그들의 견해에 따르면 이는 쾌락에 종지부를 찍는 것이 아니라 고통에 종지부를 찍는 것이므로 현명한 일입니다. 그리고 그 환자는 신의 의사의 해석자인 사제의 충고에 따랐으므로 그렇게 죽는 것은 신성하고 경건한 행위라는 것입니다."(112~113)

인용문을 주의해서 보면, 환자 자신이 죽음을 결정하는 게 아니라 주변 사람들이 당신은 살 가치가 없으니 차라리 죽는 게 어떠냐고 권하고 있습니다. "사제와 공무원이 찾아와서 더 이상 그런 고통을 당하지 말라고 재촉합니다." 이런 서술을 곰곰이 생각해 보면 좀 무서운 느낌이 드네요. 내가 아파서 병원에 누워 있는데 구청 직원이 찾아와서 "더 이상 고통을 겪지 말고 차라리 빨리 가시는 게 어떤가요? 장례비는 구청에서 많이 보조해 드리지요." 이렇게 말한다고 생각해 보세요. 한 개인의 생사를 다른 사람들이 정하다니요. 이것은 생명을 경시하는 터무니없는 일입니다.

이런 사례들을 접하면 아예 근본적인 질문을 던지지 않을 수 없습니다.

모어가 『유토피아』에서 이야기한 내용 전체가 과연 그가 진정으로 바라는 이상 국가의 모습일까? 행복의 핵심은 쾌락이고, 그 쾌락을 이루기 위해 스파르타처럼 강압적인 생활을 강요하는 이 체제가 과연 모어의 의도를 오롯이 반영하는 걸까? 혹시 이 전체가 하나의 거대한 농담 아닐까?

히슬로다에우스는 유토피아에 대한 설명을 마치며 우리 사회가
유토피아와 같은 이상 사회가 되지 않는 이유에 대해 자기 생각
을 정리하여 제시합니다. 짧게 말해서, 인간의 자만심 또는 오만
때문이라는 겁니다.

"이 점을 생각해 보시기 바랍니다. 흉년이 들어서 수만 명이 기
아로 사망하게 되었다고 합시다. 그런데 그런 기근 끝에 부자
의 곳간을 뒤져 보면 그 안에는 기근과 질병으로 죽은 사람들
을 모두 살리고도 남았을 식량이 쌓여 있습니다. 그 곡물을 평
등하게 나누었다면 어느 누구도 흉작의 피해를 입지 않았을
것입니다. 만일 그 저주스러운 돈이 없었다면 사람들은 생필품
을 쉽게 얻었을 것입니다. 돈은 생필품을 얻게 해 주는 수단이
라고 말하지만, 실제로는 생필품을 얻는 데 방해가 될 뿐입니
다."(153)

부의 불균등한 분배, 부익부 빈익빈이 사회의 가장 큰 문제인 것은 맞습니다. 그의 말대로 한편에서 수많은 사람들이 굶어 죽는데도 부자들은 남아도는 식량을 곳간에 잔뜩 쌓아 놓고 있습니다. 부자들은 큰 부를 가지고 사치품을 사용함으로써 자신을 드높이려 합니다. 사치품이라는 것은 그 사람의 덕과는 전혀 관련이 없는 요소입니다. 값비싼 옷을 멋지게 입었다고 해도 그 사람의 본성이 나아지는 것은 아닙니다. 그럼에도 사람들이 그런 잘못을 저지르는 이유는 바로 오만 때문이라고 히슬로다에우스는 격정적으로 말합니다.

"만일 단 하나의 괴물, 즉 최악의 질병이자 만악의 근원인 오만만 없었다면, 사람들이 자신의 진정한 이익이 어디에 있는지를 알아내는 분별력과 또 우리의 구주 예수 그리스도의 권위 덕분에 모든 세상 사람들이 유토피아의 법을 받아들였으리라고 확신합니다."(153)

왜 오만이 만악의 근원이라고 하는 걸까요? 히슬로다에우스는 이어서 이렇게 설명합니다.

"오만은 자신이 가진 것을 통해서가 아니라 다른 사람이 가지지 못한 것을 통해 자기 장점을 재려 합니다. 오만이라는 여신은 만일 이 세상에 그녀의 비웃음과 자기 자랑의 대상이 되는 비참한 처지의 사람들이 없었다면 여신이 되지 않았을지도 모릅니다. 그녀의 빛나는 행운은 다른 사람의 비참함과 대조될 때 더 화려해지고, 그녀의 부는 다른 사람들의 가난을 고통스럽게 하고 애타게 함으로써 더 가치 있게 됩니다. 지옥에서 온 뱀인 오만은 사람의 마음속에 또아리를 틀고 있습니다. 그리고 이는 사람들이 더 나은 삶을 선택하려는 것을 막는 빨판상어* 처럼 행동합니다."(153~154)

오만이라고 불리는 여신은 에라스뮈스가 '찬미'한 우신을 연상시키네요. 유토피아처럼 모든 사람이 사회 문제를 집단적으로 해결하고 공동으로 덕을 쌓으며 살아가면 모든 사람이 행복해질 텐데, 사람 마음속에 있는 이 강렬한 욕망, 곧 나 자신이 다른 사람보다 우월하다고 믿는 오만이 모든 것을 망치게 한다는 주장입니다.

**모든 것을 뒤엎어 버리는 역설**

히슬로다에우스가 이처럼 열변을 토하는데, 그 이야기를 다 들은 작품 속 모어의 반응은 어떨까요? "히슬로다에우스 씨, 오늘 나는 정말 큰 깨달음을 얻었습니다. 내 눈이 여태 감겨 있었는데 오늘 드디어 빛을 보게 되었습니다." 하고 감명 깊다는 듯 말했

---

* 빨판상어는 머리 위에 흡착판이 있어서 큰 물고기나 배의 밑바닥에 붙을 수 있다. 옛날 사람들은 빨판상어가 배를 앞으로 나아가지 못하게 붙들 수 있다고 생각했다.

을까요?

놀랍게도 그는 히슬로다에우스의 설명을 비판적으로 논평합니다. 부조리하다나요!

라파엘 씨가 이야기를 마쳤을 때 그가 설명한 유토피아의 관습과 법 가운데 적지 않은 것들이 아주 부조리하게 보였다. 그들의 전쟁술, 종교 의식, 사회 관습 등이 그런 예들이지만, 무엇보다도 내가 가장 큰 반감을 가진 점은 전체 체제의 기본이라 할 수 있는 공동체 생활과 화폐 없는 경제였다. 화폐가 없다는 이 한 가지만으로도 일반적으로 국가의 진정한 영광으로 여기는 귀족성, 장엄함, 화려함 및 장대함이 사라질 것이다.(155)

『유토피아』의 독자들은 이 마지막에 이르러 흔히 말하는 멘붕* 상태에 빠질지 모릅니다. 뭐야, 이 사람? 여태 그렇게 진지하게 이상 국가 이야기를 해 놓고, 결론 부분에 와서 모든 걸 다 뒤집어엎어 버리다니. 이상 국가의 가장 중요한 전제 조건이 되는 공동체 생활, 그리고 화폐 폐지가 받아들일 수 없는 점이라고?

도대체 모어의 진의는 무엇일까요? 유토피아는 이상 국가인가요, 부조리한 공상에 불과한가요? 작품 속 모어와 히슬로다에

---

* '멘탈 붕괴'의 줄임말로, 정신을 뜻하는 영어 'mental'과 무너지고 깨진다는 뜻의 '붕괴'를 합쳐서 만든 신조어. 큰 충격을 받거나 감당하기 힘든 일을 당해 정신이 나간 상태를 일컫는다.

우스 가운데 누구 생각이 진짜 모어의 뜻을 표현하는 걸까요?

헷갈리지요? 그렇습니다. 이 문제를 두고 많은 논의가 있었으며, 전문 연구자들 사이에서도 이 점을 놓고 의견이 엇갈립니다. 그러나 우리는 이렇게 말할 수는 있을 겁니다. 그 두 사람 다 모어의 분신이라고요.

모어는 현실 세계의 갈등과 모순을 보고 이 문제들을 해결할 수 있는 극단적인 조치를 취한 이상 국가의 모델을 생각해 봤습니다. 사고 실험을 한 거지요. 그 생각을 대변하는 것이 히슬로다에우스입니다. 작품 속 모어는 실제 세계에 발이 묶여 있는 본래의 자기 자신에 가깝습니다. 현실을 대변하는 자아가 실험적 사고를 대변하는 또 다른 자아의 이야기를 듣고서 그것에 대해 토론하고 논쟁하고 결국 반대 이야기를 합니다. 우리는 그 두 자아의 팽팽한 긴장을 감지할 수 있습니다.

이제 이야기를 어떻게 마무리 짓는지 본문의 끝 부분을 읽어 봅시다.

라파엘 씨가 말하느라 지쳤기 때문에 이런 문제들에 대한 반대 의견에 대답을 잘할 수 있을지 의문이었다. (……) 그래서 유토피아의 생활 방식과 또 그의 훌륭한 설명에 대해 찬사를 보내고 나서 그의 손을 잡고 식사를 하러 갔다. 그리고 우리가 나중에 시간을 내어서 이 문제들에 대해 더 깊은 의견을 나누고 조금 더 자세한 사실들을 들었으면 좋겠다고 말했다. 사실

〈봄〉

주세페 아르침볼도, 1573

꽃을 비롯한 화사한 식물을 아울러 그려서 사람 모습을 만들어 놓았다.
싱그러운 봄 분위기를 잘 전달하는 동시에 사람의 모습을 표현했다.
이러한 화가의 이중 전략은 토머스 모어의 글쓰기 방식을 떠올리게 한다.
모어는 이상 사회를 그리는 일과 그것을 풍자하는 일 두 가지를 동시에 한다.

언젠가 그런 기회가 주어지기를 지금도 고대한다.

한편 비록 그가 의심할 바 없이 대단한 학식과 경험을 가진 것은 분명하지만, 나는 그가 말한 모든 것에 동의할 수는 없다. 그렇지만 고백하건대 유토피아 공화국에는 실제로 실현될 가능성은 거의 없지만 어쨌든 우리 나라에도 도입되었으면 좋겠다고 염원할 만한 요소들이 많다고 본다.(155)

이 사람들, 결론은 내리지도 않은 채 이야기 마치고 밥 먹으러 가네요. 1부 마치고 점심 식사, 2부 마치고 저녁 식사! 그렇지만 이 대목에서 모어의 생각을 헤아려 봐야 합니다. 맨 마지막에 나오는 말로 미루어 보건대, 그는 유토피아의 계획 중에 우리 사회가 받아들일 만한 측면이 분명 존재하며, 그러나 그것은 실현하기가 쉽지 않으며, 더 나아가서 그중 많은 부분들은 오히려 나쁜 측면이라고 판단한다는 점을 알 수 있습니다.

그러면 여태껏 왜 이런 대화를 한 걸까요?

## 더 깊은 의견을 나누고 싶은 소망

나는 이 작품에서 거론된 유토피아의 특징을 있는 그대로 모두 실현하는 것은 불가능할 뿐 아니라, 모어 자신의 의도도 그런 게 아니라고 생각합니다. 애초에 인간 사회를 완벽하게 개조하는 이상적인 모델이란 불가능하지 않겠습니까? 그것을 현실 사회에 무리하게 적용하면 심각한 문제가 생기겠지요.

모어는 한편으로는 이상향이 어떠해야 하는지 고민하면서, 다른 한편으로는 그것을 무리하게 추구할 때 생기는 위험에 대해 경고하는 두 가지 일을 동시에 합니다. 모어가 중간중간 자꾸 자기 말에 스스로 제동을 거는 농담을 하고 논리를 비틀고 하는 것이 바로 그와 같은 장치라고 봅니다.

여기에서 중요한 것은 그런 이야기를 했다는 사실 자체이며, 더 나아가서 "나중에 시간을 내어서 이 문제들에 대해 더 깊은 의견을 나누고" 싶다는 소망입니다. 히슬로다에우스라는 이름의 뜻 그대로 허튼소리를 한 것이지만 그것은 매우 뜻깊은 허튼소리였으며, 그런 소리를 통해 우리 내면에서 깊은 사고의 작동을 경험한 것은 분명합니다.

우리는 유토피아가 디스토피아인 현실 세계를 비추어 보는 거울과 같다고 말했습니다. 우리가 살아가는 이 사회에 대해 생각해 볼 때 뭔가에 견주어 생각해 보면 좋겠지요. 그래서 사뭇 이상적으로 보이는 사회를 구상해 비교하는 사고 실험을 해 본 것입니다.

그런데 그 이상 국가, 유토피아는 결코 이상적이지 않습니다. 우리는 이 나라가 이상적이기는커녕 문제투성이라는 점을 앞에서 벌써 여러 번 지적했습니다. 유토피아는 그 자체를 그대로 실현하면 좋겠다는 청사진이 아닙니다. 현실과 반대되는 이미지이지만, 그렇다고 그 자체가 선은 아닙니다.

모어는 순진하게 이곳이 이상 국가이고, 이곳으로 가면 모든

### 〈관광 안내원〉

르네 마그리트, 1947

입에서 불이 나올 정도로 말 많고 오만한 안내원이 사람들이 가야 할 길을
정한다. 이 그림은 눈부신 미래를 제시하는 이들이 오만한 관광 안내원일
수 있다고 비꼰다. 토머스 모어의『유토피아』는 눈부신 미래를 제시할 때
생기는 위험을 경고하기도 한다.

문제가 해결된다는 식의 이야기를 하지 않습니다. 세상이 그렇게 단순하지 않고, 문제가 그렇게 쉽게 풀릴 성질은 아니라는 사실을 잘 알고 있습니다. 유토피아를 묘사한 내용을 보면 일부 이상적이고, 이따금 우스꽝스러우며('나체로 선을 보는 풍습'을 다시 생각해 보세요), 때로는 현실보다 훨씬 나쁩니다(전쟁광이고, 사형을 남발하고, 안락사를 권합니다). 모어는 그 특유의 아리송한 농담을 하면서 이상 국가를 지향한다는 것이 얼마나 어려운 일인지, 그것이 때로 얼마나 심각한 모순과 부작용을 가져올 수 있는지 이야기하는 겁니다.

그러니까 모어가 말하고 싶은 바는 결국 이상 국가에 대한 추구 그 자체를 깊이 논의하자는 것입니다. 이상 국가란 무엇인가, 그것은 어떠해야 하는가, 그것을 추구하는 데는 어떤 위험이 따르는가, 이상 국가를 이루고자 한다면 어떤 사고방식이 필요한가……. 이런 여러 문제들을 놓고 앞으로 계속 대화해 보자고 청유하는 것이 그의 글이 목표로 하는 것입니다.

에필로그

# 행복한 사회를 위한 꿈은 계속된다!

**처음부터 완벽한 이상 세계는 없다. 점차 개선할 뿐!**

모어는 시원하게 결론을 내리지 않았습니다. 나쁘게 보면, 말하다 말고 도망간 꼴이지요. 모어와 히슬로다에우스는 미해결의 문제를 남겨 두고 식사하러 갔습니다(유토피아 사람들에게는 공동 급식 먹이고, 자기들은 벨기에의 고급 레스토랑으로 갔겠지요). 남은 문제는 우리끼리 정리할 수밖에 없겠네요.

　　우선 1부에서 제기한 문제가 있습니다. 가상의 인물이지만 히슬로다에우스는 완벽한 세계를 보고 온 인물로 그려져 있습니다. 그런 그가 국왕에게 나아가서 자기 의견을 제시하고 이 세상을 구원하는 데 힘을 보태야 하는 건가요, 아닌가요? 이 문제를 놓고 두 주인공이 설전을 벌였지요. 완벽한 나라는 완전한 전제 조건이 갖추어져야 이루어질 수 있는데(사람들이 모든 소유권을 포기해야 한다는 거지요), 그것은 현실에서 가능하지 않기 때문에 자기 의견이 받아들여지지 않을 게 뻔하므로 자신은 국왕에게 나아가지 않겠다는 게 히슬로다에우스의 주장입니다. 모어는 현실에서 최선을 다해야 하는 게 맞지 않으냐고 반론을 폅니다.

이제 우리 생각을 정리해서, 어느 쪽 의견이 타당한지 또는 적어도 누구 생각이 논리적으로 맞는지 이야기해 봅시다.

히슬로다에우스의 주장은 논리적으로 맞지 않다는 것이 내 판단입니다. 우리가 분석한 바와 같이 유토피아는 원래부터 완벽한 국가로 출발한 게 아니라 차근차근 만들어 간 국가입니다. 반도를 섬으로 만들면서 출발한 데서 알 수 있듯이, 이 나라의 가장 큰 특징은 꾸준히 개선해 나가는 것입니다. 심지어 지금도 큰 진전을 이루었는데, 그것은 다름 아닌 히슬로다에우스 자신이 인쇄술과 그리스 고전 저작들을 전해 주었기 때문이라고 스스로 밝혔습니다. 이상향은 한 번에 완성되는 것이 아니라 점차 개선해 나가는 것이 분명합니다. 따라서 완전한 무소유라는 절대적인 전제 조건을 내걸고 그 조건이 충족되지 않는 한 자기는 간여하지 않겠다고 하는 것은 맞지 않습니다.

그 점을 말하기 전에, 애초에 그가 유토피아를 발견했다가 다시 이 세상으로 나온 이유가 무엇입니까? 다른 유토피아 계열 작품들에서도 대개 그러하듯, 이상적인 나라를 경험한 주인공들이 현실 세계로 돌아오는 이유는 그들이 보고 깨달은 무엇인가를 다른 사람들에게 전해 주기 위해서입니다. 히슬로다에우스도 이 세계에 유토피아의 방식을 전해 주기 위해서 왔다고 말하지 않습니까? 그렇다면 이 세상의 개선을 위해 열심히 봉사했어야지요. 이것이 작품 속 모어의 말이 논리적으로 더 타당하다고 판단하는 근거입니다. 실제 토머스 모어가 현실 정치에서 활동한 정치인이니 그의 본래 생각 또한 그러했을 겁니다.

## 유토피아의 상상력과 디스토피아의 상상력을 함께

다음 문제는 이 책에서 거론한 아이디어가 현실적으로 과연 어떤 의미가 있는가 하는 점입니다. 우리는『유토피아』에서 제시한 이상향의 구상이 완전한 청사진이 아니며, 모어 자신도 그것을 그대로 구현해야 한다고 주장하지 않으리라고 이미 판단했습니다. 그렇다고 이게 완전히 무의미한 그림인가요?

모어가 계속 농담으로만 이야기했다고 보기에는 이 저술이 몹시도 진지합니다.『유토피아』는 분명 그 시대에 대한 치열한 비판과 반성을 담은 책입니다. 그렇다면 어떻게 된 건가요? 혹시 이상이라고 여겼던 것이 사실은 전부 반대 결과를 낳았다는 식인가요? 그러면 유토피아야말로 진짜 디스토피아인가요?

아닌 게 아니라 후대에는 이상적인 모델을 강요하다 보면 오히려 암울한 결과에 이른다는 디스토피아 작품들이 나옵니다. 헉슬리(1894~1963)의『멋진 신세계』라든지 예브게니 자마친(1884~1937)의『우리들』같은 작품이 대표적입니다. 그러나『유토피아』는 그처럼 정반대의 주장만 편 것은 분명 아닙니다.

앞서 정리한 대로『유토피아』에 그려진 그 세계는 표면적으로 이상적인 모델이며, 일부는 농담이고 일부는 의도적이든 아니든 디스토피아 현상을 보입니다. 『유토피아』의 강점은 바로 그와 같은 복합성입니다! 그냥 단순하게 이상적인 모델을 제시했다면 당장 모순이 드러나고 외면받았을 겁니다. 그러나 『유토피아』는 과연 이상 국가란 무엇인가, 그것을 향한 노력이 어떠해야 하는가 등을 둘러싼 논의를 꾸준히 불러일으킵니다.

『유토피아』에 대한 가장 나쁜 독해는 그런 점을 무시하고 기계적으로 읽어 내는 것입니다. 자기 생각에 맞는 부분을 뽑아 고전을 자기주장의 근거로 삼는 거지요. 일찍이 카우츠키(1854∼1938) 같은 사회주의 사상가는 이 책이 공산주의 이론서의 효시라고 보았습니다.* 과연 그런가요? 『유토피아』에는 사유 재산 철폐, 화폐 폐지, 모든 주민들의 공동 노력을 바탕으로 한 경제 문제 해결 같은 요소들이 분명 보입니다. 그러나 이런 요소들은 그 자체를 목적으로 하는 것이 아니고 더 상위의 가치를 실현하기 위한 밑바탕일 뿐입니다.

문제는 그런 생각을 단순화해서 현실에 기계적으로 구현하려는 것이겠지요. 만일 유토피아의 내용을 문자 그대로 실천하면 어떻게 될까요? 가장 비슷한 사례로 크메르 루주**가 혁명을 일으킨 캄보디아를 들 수 있을 것 같네요. 크메르 루주가 정권을 잡고 캄보디아를 다스릴 때의 상황을 옮겨 보겠습니다.

* K. Kautsky, *Thomas Morus und seine Utopie*, Stuttgart, 1887.
** 캄보디아의 급진적인 혁명 단체. 1975년 정권을 장악해 노동자의 유토피아를 건설한다는 미명 아래 나라를 극단적으로 통치했다.

거대한 헛간에 모여 함께 먹는 식사부터 아이들 교육에 이르기까지 모든 생활이 공동체적이었다. 돈도 없고 월급도 없다. 각자 하루 1킬로그램의 쌀과 1년에 600그램의 소금과 한 벌의 옷, 즉 검은 바지와 블라우스를 받는다. 밥을 먹기 위해서는 일해야 한다. 화폐가 없기 때문에 공동체 바깥에서는 생존이 사실상 불가능하다. (……) 자기 가족과 떨어져 나온 젊은이들로만 구성된 특수 집단은 대규모 관개 사업에 동원되었다. 그들은 하루 8시간 일하고 이론상으로는 한 달에 사흘 쉬는데, 쉬는 시간의 대부분은 정치 교양 훈육에 바쳐진다. 라디오에서는 당이 주관하는 전달 사항과 혁명 가요를 사람들에게 끊임없이 쏟아붓는다. 당은 사방에 퍼져 있으며 전지전능하지만 동시에 신비주의적이다.*

자세히 들여다보면 이 상황이 『유토피아』에서 묘사한 것과 비슷하지 않나요? 사유 재산 철폐, 공동 식사, 공동 거주, 공동 노동, 똑같은 옷, 자유 시간에 이루어지는 덕성의 함양…….

그런데 그 결과는 어떻습니까? 크메르 루주 정권이 만들어 낸 사회는 이 세상에서 두 번 다시 찾아보기 힘든 지옥이었습니다. 4년에 불과한 집권 기간 중 150만 명이 넘는 사람들을 살해

---

* A.M., "Cambodge: Le socialisme par le vide", in *L'Express*, no.1395, avril, 1978, pp. 3~9; Jean Servier, *Histoire de l'Utopie*, Folio, 1991, pp. ix~x 재인용.

한 인류 역사상 최악의 체제 가운데 하나였습니다. 유토피아 이상이 기계적으로 작동할 때 얼마나 끔찍한 디스토피아 세계가 구현되는지 이보다 잘 보여 주는 사례는 없을 겁니다.

우리는 앞에서 꿈이 있어야 나 자신이든 사회든 발전할 수 있으리라고 이야기하며 이 책을 시작했습니다. 그것은 맞는 말입니다. 그러나 현실과 너무 괴리된 꿈을 강압적으로 요구하면 기괴한 결과가 나옵니다. 그것은 곧 악몽으로 변할 수 있다는 것을 역사는 여러 번에 걸쳐 보여 주었습니다.

유토피아는 결코 완벽한 청사진이 아닙니다. 그 구조를 보면 사실은 허점투성이지요. 『유토피아』의 서술은 어떤 부분에서는 묘사가 아주 자세하고 풍부하지만 그것들 사이의 연결이 약하고, 그 결과 이 사회의 전체 모습은 두루뭉술합니다. 문자 그대로 밤에 꾸는 꿈을 연상시킵니다. 부분적으로는 생생한데, 전체 이야기는 모호하거나 일관된 의미가 없거나 잠을 깨면서 잊어버린 것과 비슷하지요. 이런 허술한 모델로 현실을 변혁할 수는 없습니다. 그러니 그 부족한 부분을 대개 이데올로기와 강제력으로 메우려 하기 십상입니다.

## 소규모 공동체의 이상

흔히 이상적인 모델을 고안할 때 현실의 문제를 해결하겠다며 원시 공산 사회 같은 모델을 만들곤 합니다만, 거기에서 무리가 따릅니다. 평등 또는 더 나아가 완전한 균등을 염원하는 사람들이 많습니다. 그렇지만 공동 소유 사회에서도 그 안에는 흔히 서열 또는 카스트가 존재합니다. 그런 공동체가 실제로 유지되는 곳은 특수한 경우에 불과하며, 대부분은 종교 공동체이기 십상입니다.

예를 들면 1874년 영국에서 만들어진 뒤 미국에 널리 퍼진 셰이커가 대표적입니다. 그런데 이 셰이커의 사례를 보면 재산은 공유하지만 그 밖의 다른 면들은 오히려 아주 철저하게 분리하곤 하지요. 남녀 간 성 문제 같은 것이 그렇습니다. 이런 곳에서는 엄격한 종교 교리를 부과하기 때문에 공동체가 유지되는 겁니다. 따라서 이런 사례들은 더 큰 사회나 국가 단위에 적합한 모델이라고 할 수 없지요.

가끔 영화나 드라마에 등장하는, 아주 특이한 생활로 유명한 아미시 공동체의 경우도 마찬가지입니다. 18세기에 종교 박해를 피해 유럽에서 미국의 펜실베이니아로 이주한 기독교 교회의 일파인 이 사람들은 수수한 옷을 입고 검소한 삶을 살며, 특히 전기 설비나 컴퓨터 같은 현대적인 편의 시설을 쓰지 않고 마차를 타고 다니는 것으로 널리 알려졌습니다. 그러나 이 공동체 역시 사회를 개혁하는 모델이라고 할 수는 없습니다. 단지 그들이 일반 사회를 등졌을 뿐입니다. 우리끼리 모여 우리만의 방식을 고수하며 살겠다는 것이니, 당연히 인류 보편의 규범으로 받아들이기는 힘들겠지요.

이처럼 자급자족적이다 못해 자폐적인 형태를 지키며 자신들만의 공동체를 유지하는 정도를 뛰어넘어 그 규범을 전체 사회에 구현하려고 하면, 그런 시도는 흔히 실패로 귀결되고 맙니다. 현실의 불평등 문제를 해결하겠다며 완전한 평등을 내세운 공동체의 경우 자칫 개인의 자유를 억압하는 전체주의로 흘러갈 우려가 있고, 소박한 삶과 영적인 가치를 내건 공동체의 경우 조만간 내부 분열이 일어나 일부 구성원들이 빠져나가면서 붕괴되곤 합니다.

## 시대가 낳은 꿈, 유토피아

그렇다고 이상적인 사회를 향한 노력을 포기해서는 안 되겠지요. 부작용이 무섭다고 해서 아예 그런 시도조차 하지 않는다는 것은 구더기 무서워 장 못 담그는 꼴입니다.

이상적인 사회, 모든 사람이 행복하게 사는 국가를 만들고자하는 염원은 토머스 모어 이후에도 꾸준히 이어져, 유토피아 장르라 할 수 있는 작품들이 계속 나왔습니다. 이 책 프롤로그에서 『유토피아』와 비슷하면서도 성격이 다른 작품으로 『새로운 아틀란티스』와 『태양의 도시』를 잠깐 소개했지요. 그 두 작품은 거의 같은 시기에 나왔는데, 하나는 과학 기술에 근거한 이상향을, 다른 하나는 새로운 종교에 토대한 이상향을 그렸다는 점도 이야기했습니다. 작가의 문제의식에 따라 사회 문제를 파악하는 방식이 다르고, 당연히 해결 방식도 다르게 제시된다는 점을 알수 있습니다.

시대가 바뀌면 그 사회의 문제도 바뀔 수밖에 없으며, 따라서 작가들의 문제의식이나 상상력도 다양하게 변주되어 발휘됩니다. 예컨대 18세기 계몽주의 시대에 활동한 루이 세바스티앵 메르시에(1740~1814)의 『서기 2440년』은 최초로 공간이 아닌 시간 이동을 하여 먼 미래의 새로운 사회를 구상한 작품입니다. 주인공이 철학자와 시대의 불의에 대해 열띤 논쟁을 펼치다가 잠이 들었는데, 깨 보니 서기 2440년의 파리로 갔다는 식이지요. 그동안 인간의 이성이 이루어 놓은 성과 덕분에 먼 미래에 이상 사회가 건설되었다는 것인데, 이는 계몽주의 시대에 널리 수용되었던 이성에 대한 믿음을 드러냅니다.

산업화가 진척된 19세기에 이르러 노동자들의 삶이 몹시 악화되어 심각한 사회 문제로 대두했습니다. 그러자 많은 이들이 이 문제를 해결하기 위해 다방면의 노력을 기울였습니다. 바로 이 시기에 아주 다양한 유토피아 작품들이 등장했습니다. 흔히 유토피아 사회주의라는 이름으로 로버트 오언(1771~1858), 앙리 드 생시몽(1760~1825), 샤를 푸리에(1772~1837) 같은 작가들의 작품을 거론하지요.

예컨대 사상가 푸리에는 『보편 조화론』 등의 저작에서 그 시대의 생산성이 벌써 아주 높아져 있으므로, 이 결과를 잘 이용하면 노동 계급은 물론이고 시민 모두 행복한 사회를 건설할 수 있다고 보았습니다. 구체적으로 다수의 노동자들이 '팔랑스테르'라는 공동체를 이루어 그 안에서 생계를 해결할 뿐 아니라 자기가 하고 싶은 노동을 하는 데서 충족감을 얻고, 더 나아가 남녀 사이의 감성적인 문제도 해결할 수 있으리라 희망했습니다.

윌리엄 모리스(1834~1896)는 『아무 데에도 없는 땅에서 온 소식』(News from Nowhere, 우리나라에서는 '에코토피아 뉴스'라는 제목으로 출간)에서 산업 사회에 들어 인간은 기계에 속박된 노동을 하고 환경은 더럽혀져 끔찍한 삶을 살게 되었다고 비판합니다. 이를 해결하기 위해 중세의 장인이 자신의 혼을 담은 예술 작품을 만들 듯이 작업하며 성취의 기쁨을 누릴 수 있는 사회를 만들자는 제안을 합니다. 이상적인 삶의 방식이 먼 과거에 있었으므로 그것을 되살리자는 생각입니다.

그런데 같은 문제에 대해 에드워드 벨러미(1850~1898) 같은 작가는 반대의 의견을 제시합니다. 그의 『뒤돌아보니』에서는 19세기 말에 살던 주인공이 잠이 들어 130년 후의 세계로 가게 되는데, 그때 미국은 사유 재산이 사라지고 국유화한 사회주의 유토피아 국가로 변해 있고 강력한 지도자의 지휘 아래 높은 산업 생산의 성과를 누리게 된다는 전망을 내놓았습니다. 산업화를 되돌릴 것이 아니라 이것을 더욱 진척시키되, 다만 그것을 정치적으로 잘 조직하여 다수의 사람들이 행복하게 살 수 있도록 만들자는 생각입니다. 역설적인 것은 그의 예측이 미국 사회가 아니라 오히려 소련 사회에서 많이 구현되었지만, 노동 계급의 해방과는 동떨어진 결과를 가져왔다는 사실입니다.

꼭 경제 구조만이 중요한 게 아니지요. 시대가 바뀌면서 그

딱따구리 태피스트리

윌리엄 모리스, 1885

윌리엄 모리스는 기계에 따라 움직이는 획일화된 노동에서 벗어나 스스로 성취감을 느끼며 일할 수 있는 사회를 만들자고 주장했다. 그는 일상생활에 활기를 주는 다양한 공예품을 직접 만들며 공예 운동을 벌여, 삭막한 회색 도시를 좀더 인간답고 아름답게 만드는 데 영향을 주었다.

동안 크게 주목받지 못했던 다른 문제들이 더 큰 관심의 대상으로 떠오르는 일이 많습니다. 여성 문제가 대표적입니다. 샬럿 퍼킨스 길먼(1860~1935)이라는 여성 작가는 남성이 사회의 주도권을 쥐고 있는 현실에서 여성이 질식할 것 같은 압박을 느끼며 살아가고 있다는 문제의식을 지녔습니다. 그녀는 『여자만의 나라』에서 남미의 어느 한 지역에 여자들만 모여 살아가는 이상 사회를 건설했는데(남성 없이도 아이를 낳는 신체 변화가 일어난 것으로 설정해 놓았습니다), 이곳을 폭력이 없고 따뜻한 보살핌 속에 모두 사랑하며 살아가는 곳으로 그렸습니다.

버러스 스키너(1904~1990)라는 저명한 심리학자는 인간의 마음과 행동을 잘 통제함으로써 여러 문제를 근본적으로 해결할 수 있다고 믿었습니다. 그는 『월든 2』라는 작품에서 어릴 때부터 아이들을 잘 통제해 조화로운 공동체를 건설하는 이야기를 서술했습니다.

어니스트 칼렌바크(1929~2012)는 『에코토피아』라는 작품에서 감성을 억누르고 이성을 중시하며 근면한 노동을 통해 많은 부를 쌓는 것을 이상으로 삼는 서구 사회, 그중에서도 특히 미국 동부 사회를 비판하는 작품을 썼습니다. 미국 서부 지역이 미합중국에서 탈퇴해 독립국을 만들었는데, 이곳에서는 모든 사람들이 자연 속에서 살아가며 인간의 본성을 억누르지 않고 살아가는 일종의 '인디언 사회'를 이룬 것으로 묘사했습니다.

몇 가지 사례를 통해 우리는 각 사회와 시대마다 서로 다른 문제점들이 있고, 그에 따라 서로 다른 꿈을 꾼다고 생각해 볼수 있습니다. 다시 토머스 모어의『유토피아』로 돌아가 생각해보면 이 이야기가 단순히 작가의 공상의 산물이 아니라, 그 시대의 고통스러운 현실 세계에 대한 성찰이라는 사실이 더 뚜렷하게 이해됩니다.

근대 초, 서구 세계는 한편으로 거대한 발전을 시작했습니다. 그러나 다른 한편으로 심각한 모순도 있었습니다. 그런 시대가 낳은 꿈이 바로 유토피아입니다. 그것은 사회 문제들을 해결하고 밝은 미래로 나아가려는 긍정적인 소망을 품고 있지만, 심각한 병에 걸린 사회를 반영하는 불안과 고뇌 또한 그려 내고 있습니다. 유토피아는 현실을 비추는 거울로 작용하지만, 그 거울은 심하게 왜곡된 거울입니다. 우리는 당대 현실을 읽음으로써 그 기괴한 꿈을 해석할 수 있으며, 그래야 그 꿈을 거울 삼아 현실을 진단할 수도 있습니다.

**이상적 모델 제시가 아닌, 논의와 성찰로 이끄는『유토피아』**

지금까지 우리는 토머스 모어의『유토피아』라는 작품을 비판적으로 읽어 보았습니다. 여러 번 이야기했지만, 이 가상의 국가는 어떻게 하면 행복한 사회로 나아갈 수 있을까 하는 그의 진지한 문제의식에서 나온 것입니다. 이 세상이 디스토피아이고 이를 뛰어넘은 이상적인 곳이 유토피아입니다. 표면적으로는 그렇습니다. 그러나 모든 사람이 다 완벽하게 행복한 삶을 사는 사회는 애초에 만들 수 없습니다. 그런 점을 무시하고 자신의 구상이 완벽하다고 주장한다든지 더 나아가 그런 계획을 곧장 현실에 적용하려 하면 반드시 무리가 따릅니다.

그렇기 때문에 토머스 모어는 일차원적으로 이상적인 사회의 모델을 제시하는 게 아니라 그것을 어떻게 만들 수 있는지, 그런 생각 자체가 어떤 위험이 있으며 그런 위험을 피하려면 어떤 성찰이 필요한지를 묻습니다. 그러니까 『유토피아』의 의미는 이상 사회를 제시한 것이 아니라 그에 대해 생각하도록 만든 것이라는 점을 유념해야 합니다. 모어는 꽤나 복잡한 지적 놀이를 통해 행복이란 무엇일까, 행복한 사회란 어떤 곳일까, 그것을 이루려면 어떤 성찰이 필요할까를 실험해 보고 있습니다.

나는 여기서 그러한 사고 실험의 의미를 내 나름대로 해석한 내용을 소개했습니다. 재미있게 읽었는지요?

주의할 점이 또 하나 있습니다. 여러분이 읽은 것은 『유토피아』에 관한 해설이지 『유토피아』 작품 그 자체는 아닙니다. 영화를 직접 보지 않고 영화평을 읽은 것과 비슷합니다. 아주 멋진 영화라도 자기가 직접 보고 감흥을 느껴야지, 남의 감흥을 글로 읽으면 무슨 소용이 있습니까? 물론 이 해설을 읽은 게 전혀 무의미하지는 않을 겁니다.

『유토피아』는 저자의 진의를 알기 어렵고 자칫 오해를 불러일으키기 좋게끔 꼬여 있는 텍스트입니다. 그래서 미리 다른 사람의 해석 사례를 참고해 보는 게 자신의 독서에 도움이 되리라 믿습니다.

　이제 여러분의 눈으로 『유토피아』를 읽어 보세요. 여러 측면에서 내가 읽은 것과 다른 의미를 캐내고, 깊은 영감을 받을 수 있으리라 생각합니다.

# 유토피아,
## 농담과 역설의 이상 사회

2015년 10월 30일 1판 1쇄
2022년  4월 15일 1판 2쇄

지은이 : 주경철

편집 : 정은숙, 서상일
디자인 : 권지연
제작 : 박흥기
마케팅 : 이병규, 양현범, 이장열
홍보 : 조민희, 강효원

인쇄 : 천일문화사
제책 : J&D바인텍

펴낸이 : 강맑실
펴낸곳 : (주)사계절출판사 | 등록 : 제406-2003-034호
주소 : (우)10881 경기도 파주시 회동길 252
전화 : 031)955-8588, 8558
전송 : 마케팅부 031)955-8595  편집부 031)955-8596
홈페이지 : www.sakyejul.net | 전자우편 : skj@sakyejul.com
블로그 : blog.naver.com/skjmail
트위터 : twitter.com/sakyejul | 페이스북 : facebook.com/sakyejul

값은 뒤표지에 적혀 있습니다. 잘못 만든 책은 서점에서 바꾸어 드립니다.
사계절출판사는 성장의 의미를 생각합니다.
사계절출판사는 독자 여러분의 의견에 늘 귀 기울이고 있습니다.

ISBN 978-89-5828-914-2    44340
ISBN 978-89-5828-407-9    (세트)